COSMIC
GARDEN
VISION INFINITY

The Portal to Cosmic Consciousness

關於宇宙花園

二〇〇四年底，宇宙花園開了第一朵花《走出哀傷》。
至今，花園成長的速度雖然緩慢，但每一朵都是花園的驕傲。
宇宙花園譯介具先驅和啓發性的深刻著作，
服務你的心和靈魂，是宇宙花園存在的最重要目的。

園丁是這麼想的：
我們都是永生不滅的靈魂，既然來到地球，就最好要了解，
或者該說記得，這個三度空間的遊戲規則。
所以你會發現，書裡傳遞的訊息大都與宇宙法則有關。
也因此，宇宙花園的每本書都懷著這麼一個希望；
在你迷惘困惑時，帶來啓發；
在你受挫疼痛時，帶來溫暖；
在你需要指引時，幫助你聽見內心的聲音。

每個人只要向內尋找，都會找到答案。
但人性是健忘的，所以我們經常需要些提醒；
人性也是脆弱的，所以我們需要彼此扶持。
然而，不論是撫慰受苦的心靈，挑戰心智的思考，或擴展內在的意識，
宇宙花園都只是介面，眞正重要的人，是你。

to inform, empower and inspire readers,
啓發讀者思考、幫助讀者發現他內在本有的神聖力量與光芒，
這是宇宙花園的自我期許。

不論什麼原因，你會看到這些文字都不是偶然。
你的心裡一定有一塊非塵世的淨土，有個種子正在萌芽，
也許，它早已開出新葉，或正含苞待放。
那麼，你內心一定知道，我們都具有創造的力量。
每個人每一刻的言行思想，不單影響自身的頻率，
也微妙地影響了集體意識。

因此，透過多一點的善念，多一點的愛和正面思考，
我們可以幫助周遭的環境，幫助這個世界變得更好，
進而提昇人類意識和地球頻率。

地球很小，但宇宙很大；軀體有限，但心靈無限。
要記得，有那麼一個地方，它超越了物質世界和時空的限制。
在那裡，我們都是開心和自由的。
地球行的挑戰之一，就是如何在沉重的氛圍裡，
讓我們的心依舊保持輕盈、喜悅和正面。

希望你在宇宙花園找到一處身心安適的角落，
讓你無限的心與靈魂，綻放燦爛的光芒。

迴旋宇宙。

The Convoluted Universe-book one

序曲　光之靈

給　充滿好奇的靈魂
這一切，都爲了喚醒意識。

《地球守護者》作者

朵洛莉絲・侃南 Dolores Cannon ／著

Stephan・張志華／譯

園丁的話

這其實是本課本，以催眠對話形式呈現的宇宙學課本。書中的資料一如《地球守護者》，都是由較高次元的存有透過催眠個案傳遞。

對於習慣眼見爲憑的人，建議不妨把這本書當成帶有科幻色彩的催眠紀錄或小說，允許它挑戰你固有的認知，擴展你的視野，開啓你意識的力量和內在的心靈記憶。

宇宙奧秘就像個巨大的拼圖，透過作者多年來的催眠記實，我們得以一小塊一小塊地拼湊起來，並對已經組合的區塊有粗略概念。這幅巨大的拼圖涵括了不同的次元和實相，這本書只是開端，接下來的二部曲還會探討亞特蘭提斯、金字塔、百慕達三角洲、復活島等地球謎團，以及其他星球的生命、靈魂/能量、平行宇宙、量子力學和上帝等等更有趣的進階題目。

書裡提到的人類與外星人的淵源，有些人或許會覺得難以置信。已逝的英國科幻作家亞瑟．克拉克這麼說過，「任何足夠先進的科技，皆與魔法無異。」以這個在我認爲很符合邏輯的觀點來看，書中所提早期人類將科技高度進化的外星人視爲能行奇蹟的神祇，也就一點也不奇怪了。更進一步的說，從外星人在地球歷史上扮演的角色來看，許多希臘羅馬神話裡的神祇，都有外星人的嫌疑。或者，宙斯其實就是當時外星人的領袖……

言歸正傳，我相信不少人已注意到，許多來自外星的訊息，不論來源爲何，他們都共同強調一點——人類正處於地球進化的關鍵時刻。

地球作爲一個行星，如同人類，也有她進化的歷程，爲了迎接進入更高的次元，地球正改變她的頻率。生活在這個星球的住民也無可避免地要面臨提升振動頻率的轉捩點。由於宇宙法則，外星人必須尊重自由意志，他們再如何想幫人類，也不能用干預的方式。在即將來臨的地球計劃和涉及的變動裡，他們會以各種微妙的方法點醒和啓發我們（譬如書中所提的光之靈會幫助有意願的人類，轉化思想，開啓內在光體），然而選擇權一直是在我們手上。

而我們也一直都有選擇。我們可以選擇與地球一起提升振頻，以較平順和諧的方式進入更高次元（當我們願意學習開放心靈，放掉恐懼，不再自私自利時，我們就是在提升意識）；我們也可以選擇漠視心靈的聲音，繼續虛假貪婪彼此傷害。我們可以選擇超越自我的侷限，想像一個更符合人道，也較接近我們原有神性的生活境界（一個以愛相待的無私世界）；我們也可以選擇被恐懼的幻象禁錮，害怕與排斥所有未知的一切。

也猶如書中某些外星人遇到的課題，我們可以選擇用權力和力量壓制弱者；我們也可以選擇用知識和權力來服務他人。選擇是我們的。

生命是場奇幻之旅，我們在與神共創的宇宙裡，體驗各種不可思議的冒險。我所指的「生命」是靈魂的生命，不是「人生」的人類生命。人生只是靈魂無限生命裡的一個切面，而這一生又是這個切面裡小得不能再小的切片。

因此，想想看，這宇宙有那麼多那麼多不同的次元和星球（甚至其他的宇宙）可以玩耍和體驗，何苦一直待在這個實相？一次次地困陷在三次元的物質性裡？

每個人都有他個別的人生目標，但作爲人類，我們有一個共同的目標；人類的終極目標就是回到創造的源頭，回到光。說穿了，就是不再作人。不再將靈魂寄居在厚重的肉體裡，於是我們可以隨心所欲地飛翔，跳脫時空的限制。如果我們能透過正面的思想與愛的行爲，逐漸提升振頻，我們就可以升級到較高的次元，體驗更多的愛和喜悅。有天，我們也可以選擇到別的銀河星系體驗等待著我們的各類有趣經歷。選擇是我們的。

而此刻，或在讀完這本書後，你也可以選擇邀請光進到心裡，爲自己也爲這個地球的進化和變遷帶進穩定與和諧的力量。

書裡的個案在催眠狀態下告訴作者，他是在爲失落知識的傳承尋找傳人，而透過閱讀，你，也是這些知識的地球傳人。

目錄

影響我們現實世界的現象，有百分之九十九點九九九無法被我們的感官察覺。人類必須學習獨立思考，而不是盲目遵循所受的教導。

——巴克明斯特．富勒（Buckminster Fuller, 1895-1983，美國發明家、建築師暨哲學家）

只有超越極限，進入不可能的領域，才能定義「極限」。

——亞瑟．克拉克（Arthur C. Clarke, 1917-2008，英國知名科幻作家，同步通訊衛星倡導人）

作者序

朵洛莉絲・侃南

在此要特別建議讀者，閱讀本書前最好能先讀過《監護人》（The Custodians）。《監護人》記述了我從一九八六年起，針對幽浮和外星人綁架案例的研究，並涵蓋了我這一路由簡入繁的探索過程。我發現，所謂的被外星人綁架和目睹幽浮現象原都只是冰山一角。隨著工作進展，我得到的資料愈趨複雜。當《監護人》編撰完成，我知道內容過於龐大，而且有些資料偏離幽浮主題，進入了非常錯綜複雜的「形上學」領域。我因此決定將部分內容拿掉，放在另一本討論較為繁複理論的新書。這就是本書的源由。

我假定（或許並不正確），讀者閱讀我的工作成果至此，對我透過催眠探究超自然現象的背景已有所熟悉。我的催眠根基可追溯到一九六〇年代，當時還是使用比較老式的技巧。在生兒育女告一階段後，我於一九七九年重回催眠領域。我那時想專注在前世療法和前世回溯，因此開始研究新式的催眠誘導法。這種方法使用到意象和觀想，效果也較為快速。經過多年的催眠治療和探究，我發展出自己一套專門運用類似夢遊狀態的催眠技巧。這個方法能使我和個案的潛意識直接溝通，因而接通浩瀚豐富的心靈資料庫。

隨著工作的進展，經常有其他存有利用這種深度出神的狀態，透過個案溝通，傳遞資料。這個現象已經持續了二十年以上，至今仍不斷有新資料湧入。這些訊息都會放在日後的新書。我被告知已經通過考驗，我想提出的問題，都能得到答案；這是因為我一直忠於所得的資料，從不曾篩檢或更改。我將自己視為記者、心靈研究者和「失落的」知識的調查者，因此這是場永無止境的搜尋。

從書中的催眠紀錄裡，讀者會注意到這些透過個案進行溝通的存有，使用的是個案心智裡的字彙，他們用這些字彙提供類比，嘗試用人類能夠理解的方式來解釋無法說明的種種。因此，他們使用的常不是正規的英文語句。他們會從個案心裡找到最接近的名詞和動詞來創出詞彙。不論這是怎麼做到的，這個方法確實有效，而我們也能了解他們試圖傳遞的訊息。

第一篇

尋找傳人

第一章　琳達和巴多羅米

我最初想將琳達的故事放在《監護人》書裡，但那本書的篇幅不斷增加，到最後只好把這部分拿掉。我和琳達從初次見面到後來的合作，早有許多奇妙和不尋常的徵兆。

我們最早的接觸是在一九八九年的夏天，我在阿肯色州小岩城（Little Rock, Arkansas）的第一次演說會上。那時《與諾斯特拉達穆斯對話第一冊》（Conversations With Nostradamus, volume 1）已經出版（譯注：諾斯特拉達穆斯是十六世紀的法國預言家和占星家），我剛開始在居住的阿肯色州，所謂自己的地盤，進行演講和簽書會等促銷活動。那天演講完後，許多人買了書並排隊等候簽名，琳達也是其中之一。在我為她簽書時，她把名片遞給我並表示，如果我想找人合作，她很樂意配合。

她似乎有些害羞，沒多說什麼話。其他人也遞給我名片或是在紙上寫下姓名和聯絡方式。有些人的留言顯示他們認為自己曾和幽浮有過接觸。由於當時我正和幽浮組織的法里胥（Lou Farish）在阿肯色州進行幽浮的調查，於是我在這些名片上註記，提醒自己要優先與他們聯絡。但沒多久我就知道，要和所有人都見上一面根本是不可能的事。

過去，只要有人想做前世回溯催眠，我總會設法和他們合作，因為我不敢輕忽這對他們的重要性。在我第一本書出版後，緊湊忙碌的生活開始了，我很快就意識到，許多事不再那麼單純；我的生活再也不會回到那個步調較為緩慢的正常型態。要和所有人見上面、談上話都不可能，更何況是為他們進行回溯。我也假設大多數的人是受好奇心驅使，想對催眠有所體驗，而不是尋求生命中問題的解答。

將名片和紙條放進皮包的當下，我心裡是很認真想著，如果可能，要和他們一一聯繫。琳達的名片是其中之一。然而，我很快就被過多的活動纏身，因此沒能和琳達及其他人聯絡。那時候的她，只是群眾裡一張模糊的臉孔。

幾個月後，我回到小岩城演說並和《監護人》的主要個案珍妮絲，進行第一次催眠。我是特地抽空和她見面，因為她懷疑自己曾和幽浮有過接觸。我很快就發現珍妮絲的案例值得深入探究。由於開車到小岩城需要四個小時，日後只要我有機會到小岩城，我都會安排時間和她會面。（我們挖掘出的驚人情節都在《監護人》和本書的第二篇裡。）

很巧地，我發現琳達是珍妮絲的朋友。珍妮絲告訴我，琳達對於我一直沒和她聯絡感到失望。我對珍妮絲解釋，透過電話和信件要求催眠的人實在多不勝數，我必須要嚴加挑選那些我有時間進行回溯的對象。由於珍妮絲表示琳達非常渴望和我碰面，於是我不太情願地排定了下次來小岩城和琳達會面的時間；那會是冬天了。我答應得有些勉強，因為我知道到時我的時間會非常緊湊。除了演說外，我也已經排定了幾場催眠，而且我從過往經驗知道，屆時還會有人願意耗上整夜等候。

儘管我擔心和太多的好奇者見面只是讓自己負荷過重，但為了顧及並尊重珍妮絲，我還是同意見見琳達。我對那次催眠沒抱任何期望，當然更沒料到會是一個持續的合作關係。

每次我去小岩城都住在朋友派西家，她讓我在她的住處約見個案進行回溯催眠。派西因要外出上班，我和個案可以有完全的隱私。琳達抵達時，我們先在客廳交談。琳達很迷人，大約四十多歲。她的衣著講究，頭髮梳理得很漂亮，看起來並不像是那種會想探索前世的類型（倘若真有所謂的類型可言）。琳達是職業婦女，自營一家寵物店。她的孩子多已長大離家，追尋各自獨立的人生。琳達很文靜，說話輕柔，不是那種無所事事或幻想型的人，她有著忙碌充實的生活。

當她聽說我第一次演講的消息時，她就有股難以抑制的衝動想要參加——雖然她對諾斯特拉達穆斯並不是那麼有興趣。她說演講當晚她非常興奮，心裡有很強烈的期盼，但她不明白為何如此。

當她坐在聽眾席聽著演說時，她告訴她先生，她有一股無法克制的欲望想和我說話。即使那種衝動難以抑制，她還是很猶豫該不該這麼做。演說過後，她排隊等候簽名，邊考慮著是否該開口說些什麼；她怕說出來的話顯得可笑。她先生鼓勵她，如果感受那麼強烈，就該照著去做。然而，當輪到她時，她卻只是把名片遞給我並說想和我合作。當然，她並不知道當天我聽這種要求不知聽了多少次。我們的交談非常簡短，當她離開會場，我把她的名片放進皮包裡，和其他人的混在一起。我完全忘了這回事，直到命運帶引我們在派西家的客廳裡重聚。

當我詢問琳達為什麼會想進行回溯催眠時，她說不出所以然。她並不是在尋找任何問題的解答，也不是對前世感到好奇。那是一種不肯放過她的強迫衝動，她就是覺得有事情必須告訴我，卻完全不知道是些什麼。

由於我當時的研究主題是諾斯特拉達穆斯，她隱約認為或許與他有關。那時候我已經和好幾個人合作，而且工作也已進入尾聲，那些成果又為《與諾斯特拉達穆斯對話》增加了約兩本書的篇幅。我真的並不需要生力軍，尤其是相距四小時車程的個案。琳達對我當時投入的其他計畫一無所知，因此對於為什麼會想見我毫無頭緒。

我有些惋惜，心想這次回溯恐怕只是發現一段對她個人有重要性的平凡前世。我在過去幾天已經進行過很多這類回溯，實在沒什麼心情再多做了。我那時喉嚨仍有些發炎，而且在那整趟旅程，一直沒什麼精神。雖然疲累，但我知道我還是要為她進行催眠。

剛開始時，我心裡完全沒有任何期待，沒多久，冷不防地出現令人驚喜的意外發展。這又是一個我不抱期待，卻發現某個超乎我控制外的力量，已經作好安排的例子。

我使用我標準的催眠誘導程序，引導琳達回到了前世。當她進入情境，聲音變得非常放鬆和輕柔，很難聽得清楚。根據以往的經驗，我知道等我們開始交談，她的聲音就會提高。

她說看到地面的樹葉，因此知道她是在森林裡，但對於自己是男性感到訝異。她穿著高及膝蓋的靴子和一件長袖襯衫。她對自己的描述是年約二十多歲的年輕男子，一頭褐色的長鬈髮，蓄著鬍鬚和八字鬍。他有雙銳利的藍眼睛，正在住家附近的森林忙著劈材。這一點似乎讓琳達感到困惑。「我有個感覺，我並不需要做這些。有人會幫我劈。不過這是我喜歡做的，因為我現在是獨自一人，而且我也喜歡勞動帶給我的愉悅感。」

我建議她看看她的住處。

琳：「那是座城堡，有個吊橋，城牆上還有些旗幟飄揚。我父親是國王。」

朵：那麼你真的沒必要劈材了，是吧？

琳：沒錯，不過劈材很好玩。它讓我覺得愉快。（輕聲地說）別人認為我瘋了。

朵：他們為什麼那麼想？

琳：因為我喜歡工作。我不喜歡宮廷生活。那好膚淺。自己動手做事會帶給你別的事不能給你的成就感。

他的名字是巴多羅米（譯注：以下簡稱巴多）。他和家人，還有其他很多居民，包括僕役，都住在城堡裡頭。「那算是個頗大的社群。很多人都住在城牆裡面。」

朵：至少你不會寂寞，是吧？

琳：喔，會寂寞啊！他們並不關心我。他們不知道我喜歡學習。他們對知識沒興趣。但我很自得其樂。

他的國家處境並不平靜。外面很危險，因此他們的活動範圍必須鄰近城堡。

琳：農民想暴動。他們沒得到良好的對待。所以如果沒有護衛隨行，你就不能到城堡外頭。

朵：你的父親對民眾的行為有什麼看法？

琳：那是他的錯。他不是很仁慈。他沒有努力去幫助百姓。他只是為自己的利益利用他們。

朵：你說你喜歡學習，對知識有興趣。有沒有什麼特定的知識是你想學的？

琳：有。我喜歡研究星星。研究宇宙。這是為什麼人們認為我瘋了的緣故。

當然，我當時以為他說的是天文學或占星學。

朵：在你那個時代，別人對星星有什麼看法？

琳：就只是些閃爍的小月亮。

朵：難道在你那個時候，沒有其他人也喜歡研究星星嗎？

琳：只有一位。他是我的朋友。

朵：他是幫助你學習這些事的人嗎？

琳：是的。他懂這方面的知識。他不是這裡的人。但他非常老了，而且很快就會離開我。

朵：不過他或許可以傳授他的知識。

琳：沒錯，這就是他現在正在做的事。當他離開以後，就是我要承擔這個重責大任。到時就是我的事了。我必須學習這些知識並且傳遞下去，它們才不會遺沒和失落。這些知識不能失去。

朵：是哪類的星辰知識？

琳：是宇宙的知識。是關於上帝所創的一切……並不只是這個地球。而是許多、許多、許多宇宙，以及距離十分遙遠的星球，遙遠到我們人類根本無法理解它們的位置。教導我的這個人曾經去過許多地方；他來到這裡贈予我這些知識，他希望我將它們傳遞下去，好讓未來的人們不致恐懼。

朵：你說那位老人家是從別的地方來的？

琳：是的，他來自昴宿星團（Pleiades）。

朵：是嗎？

這下引起我的興趣了。這並不是尋常的回溯。

朵：那是哪裡？

我知道那是一個星團，但我想知道他會怎麼說。

琳：那是在……在銀河（Milky Way 譯注：就是地球所在的星系，至少有一——二千億顆恆星的銀河系），離這裡非常遙遠。

朵：這不是很不可能嗎？

琳：不會。他是以光束來到這裡的……（困惑）我很難理解。

朵：我想是很難理解。當你第一次見到這個人的時候，會不會很難相信這些說法？

琳：不會。我知道就是這樣。有很多事情是我們人類無法了解的。我們只能在心裡感受，知道事情就是如此。

朵：這個人看起來怎樣？

琳：他非常老。駝著背，頭髮也白了，穿件長袍。很平常的老人家。

朵：他住在哪裡？

琳：我不知道。他就是會來找我。不管我人在什麼地方，他就會出現向我走來。

朵：他怎麼有辦法這樣出現？

琳：我不知道。剛開始我以為他有魔法，不過我現在不這麼想。我認為他擁有我目前無法理解的力量，因為我的智力還沒進展到足以了解的程度。

朵：在你那個時代，一般人怎麼看待魔法？

琳：它是生活的一部分。我們有巫師，不過是假的。我父親身邊有很多這種人。他們不像自己所說，所吹噓的那樣。

朵：看來你父親對你的朋友應該會有興趣。

琳：不，我不能跟他們提到這個人。他的生存會受到威脅。

朵：你已經跟他學習很久了嗎？

琳：到現在已經跟他學了五年。我那時是……二十歲。

朵：當他第一次來找你的時候，你心裡是怎麼想的？

琳：啊！我心想，「為什麼是我，我需要平靜。我不需要這個。」（回想）我當時在森林裡，坐在樹下想著我的人生。當我一睜開眼睛，他就站在我正前方。我問他是誰。他對我說：「我來自非常遙遠的地方，我來教導你無從想像的事。」我說：「你為什麼會認為我想學這些東西？」他告訴我，「因為這是注定的。因此你一定會學。」

朵：好像你沒有選擇似的。

琳：我就是這樣跟他說的。「我只做我想做的事。」而他對我說：「沒錯，所以你會很願意學。」

朵：聽起來這個人還蠻有趣的。（琳達咯咯地笑）你很久後才相信嗎？

琳：不。我心裡知道就是這麼回事。

朵：雖然很怪。……你說他已經來找你五年了，不論你人在哪裡？

琳：是的。幾乎每一天。他不常讓我休息，因為我必須知道的東西太多了。他說在他離開我以後，我必須找到一位年紀比我年輕許多的傳人。這樣知識才能延續。……我不能將這些東西寫下來。

朵：為什麼不能？

琳：因為寫下來會有被毀掉的危險。它必須是代代相傳的活知識。而且只有被選中的人才能知道。……我很感激，也覺得自己很幸運能被選為我這個時代的傳人。

朵：這是很重大的責任。

琳：這是很光榮的事，但我覺得這份榮耀也是我靈魂的重擔。

朵：那麼你就要記住他所說的，而不是寫下來？

琳：沒錯，我不能寫下來。它們會儲存在我的智能裡，等我找到傳人，整套知識就會像魔法般地被憶起。這些知識會以適切的順序浮現，因此那位傳人完全可以理解他需要擁有的知識。然後，他也會像我一樣，將知識儲存在智能裡。不准寫下來。

朵：你不認為這樣會有遺忘部份內容的危險嗎？

琳：不會。智能是很龐大浩瀚的。人們並不瞭解。

朵：但是從一代傳遞到下一代的過程中，它難道不會有被扭曲的風險？

琳：不會，因為有某樣東西將它完整地保存在智能裡頭。

朵：我是想到人的本性。經過一段長時間，他們會更改資料。

琳：但這是儲存在非常特別的地方，而且只能在正確的時機被取出。我並不能隨意和別人談論這件事。它只會在適當的時間被討論，然後智能的那部分就會被接通以取得資料。

朵：但你和我談論這些事沒有關係嗎？

琳：是的。

朵：因為我對你不造成威脅？

琳：沒錯。

朵：這位老人家是專程來找你，還是他已經在地球上住了一段時間？

琳：他是專程來找我的。我不認為其他人可以看到他。他們聽到我跟他說話，這是為什麼他們認為我瘋了的緣故。他們看不到他。

朵：這會很讓人困惑，不是嗎？

琳：沒錯，不過沒關係。我知道自己沒瘋。我們住的地方很偏僻。這個地區的人不多。我們住的地方離大多數王國，離其他王國都很遙遠。

朵：你們被教導任何宗教信仰嗎？

琳：我們相信……只相信魔法。火。火神非常有力量。

朵：這是巫師教導的部分嗎？

琳：是的。

朵：這是為什麼你父親會相信這些事的原因？

琳：是的。他被嚴重誤導。

朵：那麼這些資料（指老人的教導）就不適合他了，是嗎？

琳：是的，他無法想像這些事。他無法接受這些知識。我必須旅行到很遙遠的地方。

朵：你被這麼告知？

琳：是的。當我學成後，我必須旅行到非常、非常遙遠的地方尋找傳人，給他這些知識。我再也不會回到我的森林。因此我現在必須好好把握在這裡的時光。

朵：難道你不能在你住的地方找到合適的人選？

琳：不能。

朵：你對離開有什麼感覺？

琳：非常難過。

朵：你是王國的繼承人嗎？

琳：不是，我是老么。如果我是繼承人的話，就不會被選上做這個工作了。

朵：因為你會有其他的責任。

琳：是的。而既然沒有，我就可以離開。

朵：我對你被託付的資料很有興趣。不過，讓我們先離開這個場景，我要你繼續往時間前移，來到某個重要的一天。一個你覺得發生了重要事件的一天。

上述的奇特情節已經引起我極大的興趣，不過後續更出乎我意料之外。

停頓很久後……

朵：怎麼了？你看到了什麼？

琳：（強調的口吻）我在宇宙裡。我在旅行。我在執行出遊的任務。

朵：這是怎麼發生的？

琳：我被要求進行這項任務，這樣我就可以提供我的見解給住在遙遠他方的人。我行進得非常快速，雖然看起來並非如此。看來好似沒有移動。

朵：你是怎麼行進的？

琳：我是在一個……座艙裡。

朵：那是什麼？

琳：一個圓形的東西。

朵：很大嗎？

琳：不大。它只是個非常小的橢圓形空間。不，是一小段橢圓形的光。這裡除了我之外，沒有別人。我沒有……我沒有在駕駛。它就是自己在行進。

朵：你是坐在裡面嗎？

琳：我是站著的，不過如果我想的話，我可以坐下。

朵：那麼它是大到可以讓你站在裡面了？

琳：是的。它有一扇窗。有個洞，可是你沒辦法把手穿過去。

朵：為什麼不能？

琳：因為有某個東西蓋住了，你的手不能穿到外面。不過，它可以讓你看到在你另一邊的東西。

每當我回溯個案到中世紀，這類說詞就會一再出現。他們並不知道玻璃這種東西。玻璃在當時一定很罕見，因為這是重複的模式。當某個說法一再出現，它就有一定的可信度，因為催眠對象並不知道其他人說過些什麼。我從經驗裡學到要特別留意這類小事。

朵：你現在從洞裡看到什麼？

琳：我看到外面很暗。非常暗，非常黑……非常平靜。偶爾我會看到東西在附近飄浮。這裡沒有什麼顏色，跟地球一樣。非常漆黑灰暗。完全沒有顏色。

朵：你看到什麼東西飄過去？

琳：喔，我有時看到……黑色的岩石。

朵：你是怎麼來到這個小地方的（指太空艙）？

琳：我在睡覺時被叫醒，問我要不要來。「當然要。」我說，然後又睡著了。接著我就發現自己在這個小空間裡。我不知道我是怎麼來的。只知道我同意要來，然後人就在這裡了。

朵：是你的朋友問你的嗎？

琳：不是。那個人說他認識我的朋友，但他是來自宇宙的另一個地方。不是昴宿星團。是昴宿星團的另一邊。他的行星叫做「麥康」（Micon）（讀音為My-con）。麥康？……我從來沒聽過那個地方。

朵：那個人長什麼樣子？

琳：他很小，非常小。他沒有頭髮。他有個很大很圓的頭。

朵：你能不能看到他的臉是什麼樣子？

琳：我不記得他是不是有臉。我只記得他的頭非常大和圓，但他的身體非常小。我那時還納悶他要怎麼保持平衡，因為他的頭實在太大了。

朵：當然，那是在晚上，所以你很難看到他的面貌。是不是這樣？

琳：不是。因為他是……銀色的。發亮！……銀色的，而且他很亮。

朵：（我很驚訝）你的意思是他在發光？

琳：是的，這是為什麼我看不到他的臉，因為太亮了。而且我那時很睏，也看不清。（琳達低頭看）我戴了一條大皮帶。（手做了些動作）我腰上有條大皮帶。皮帶很厚，而且很暖，也是銀色的。它前面有幾個類似口袋的東西。我納悶自己為什麼戴著這條腰帶，還有它的用途是什麼。它不是皮革。它很軟，不硬。感覺上不像我知道的任何東西。（做了些手勢，似乎是在檢查腰帶。）這條腰帶沒有起頭的地方，也沒有扣子。我也不記得有戴上這條腰帶。這讓我有點苦惱。

朵：口袋裡有東西嗎？

琳：感覺上有東西，但因為沒有開口，所以我看不到裡面。（腰帶似乎很困擾他）我猜很快就會有人告訴我，為什麼我身上會有這個腰帶。

這段催眠的聲音聽起來比較年老，而且發音明顯地和琳達不同。

朵：它不會讓你不舒服。那只是個奇特的東西。

琳：是的，沒錯。它給我的感覺很奇怪。我覺得我的肚子在腰帶底下膨脹。

朵：但不是不舒服的感覺？

琳：不是。這感覺很輕微，很輕微。

朵：腰帶下是你平常穿的衣服嗎？

琳：不，不，不。他們要我把衣服留在我的房間。我穿的是……（似乎是在看身上的穿著）……也是會發光的。我不知道這是什麼。這衣服很輕，而且把我全身包住。我穿了鞋。不是靴子，是鞋子。而且這都是一起的。是連身的。我被包在衣服裡。但我沒有戴帽子。

朵：這個空間的牆面上有任何東西嗎？還是什麼都沒有？

琳：讓我看看。（停頓了很久）有一扇大窗戶。

朵：和剛剛那個小洞不一樣？

琳：不，就是那個洞。它很長。（停頓）我很好奇門在哪裡。我沒有看到任何門。

朵：事情愈來愈奇怪了，是不是？

琳：是的，越來越奇怪。我好奇我是要去哪裡？

正當他疑惑時，答案開始出現。這些答案似乎來自別的地方，因為他像是在重複他所聽到的話。這些對他是新的訊息。

琳：他們告訴我，這趟旅行不會花很久的時間。我是要去拜訪一個新地方，一個人們前往展開新生命的地方。而我要去那裡的原因是……（驚訝）去找我的傳人！（愉悅的口吻）我要去找我的傳人。……我已經找好久了。

朵：你在地球並沒有找到？

琳：沒有！我到處找遍了，我現在很老了。我很擔心無法及時找到他。（欣喜愉悅的語氣）那就是我要去的地方。我要去這個新地方找我的傳人。

我突然有個想法。這是個不容錯過的好機會。

朵：你願不願意將你學到的知識和我分享，而不只是和你的傳人？

琳：我必須先問過。我不能答應，除非我問過才行。

我檢查錄音機，發現我們的時間不多了。

朵：好的。如果我另外找時間再跟你談，你可以先詢問並徵得他們的同意嗎？

琳：好，我會問的。

朵：這樣你說不定就可以和兩位傳人分享，因為我也很好奇。

琳：（愉快的口吻）啊，那真是太好了。（非常雀躍）那就是一舉兩得了。真是太棒了。

朵：那我就請你幫我徵求同意，我可以再來找你討論。

琳：這樣很好。我很擔心這門知識就要失傳。我也覺得很開心，我就要找到我的傳人了。不過地球失去這些知識還是讓我很不安。這真的很可惜，因為即使這裡的人非常原始，對這些事也不關心，這個知識還是應該保存下來。

朵：我同意。接下來我要請你繼續旅程。

琳：好的。

朵：我不想干擾巴多的行程。不過我要另個部份的你，和我談話的那個你（指琳達），離開那個場景，往時間前移。

接著我說出關鍵字並引導琳達回到意識完全清醒的狀態。此時的我很後悔在一開始時，只在錄音機裡放了六十分鐘的帶子。不過，我事前也不可能料到會出現這類資料。我預期的是沈悶尋常的前世，起初也正是如此。

我通常都能在六十分鐘的催眠裡，完整地走完一生，因為單純的人世生活向來沒有什麼精彩或驚人的事件。但當巴多一提到那位奇怪的訪客和他（指巴多）得到的資料，我就知道我無法在一次催眠療程的時間裡收集到完整的故事，因此我也沒有嘗試。我知道這會是一項要花上好幾個禮拜才能完成的新計畫——倘若我能被允許接觸這些隱祕資料的話。雖然催眠前的談話並沒有任何跡象顯示琳達的潛意識存有這些珍貴資訊，顯然地，我就要踏上另一個嶄新的冒險旅程。

當琳達從催眠狀態被喚醒時，她似乎感到困惑，身體也有些搖搖晃晃。她表示，「我有訊息要給你。我有這個印象。我感到責任重大。這真的很重要。我不知道是什麼訊息，我只知道有很多知識我們並不曉得。由於我們原始的作風和恐懼的心態，這些知識被拿走，它們從地球上消失。而現在是知識回來的時候了。為了某個原因，你被選上，我也被選上，要把它們帶回這個星球。這是非常重大的責任。我這麼覺得……。這個責任讓我的靈魂覺得非常沈重。……這是我對這次催眠所能記得的全部了。」

顯然琳達在催眠時是處於類似夢遊的狀態，因為她進入了深度的出神級次，她不記得催眠時所說的事。

我現在對探究這個故事興趣濃厚。對我來說，這就像是打開潘朵拉的盒子。我熱愛神祕事物，因此當有人說要告訴我某些已然失落，而我也有必要知道的事情時，這股誘人的力量實在令我無法漠視。

唯一的問題是距離。要跟她合作，我就必須開上四小時的車。我因此決定每個月至少來一趟小岩城，利用週末分別和琳達及珍妮絲兩人工作。

現在，我手上有珍妮絲和琳達的兩項計畫。一九九〇年一月，我覺得有必要為她們專程去一趟小岩城。我打算將這次行程全部投入在取得這兩位女士的資料上。這應該不難，因為我並沒有安排任何演說。我的友人說他們不會將我來訪的事告訴別人，我也就不必接見訪客。當然，事情並沒有如計畫發展。友人的一位舊識知道了我的行程，他希望能做一次回溯。我因此安排在抵達的周五當晚進行，雖然我在長程開車後已經很疲累了，但這樣我才能把週末的時間全部留給珍妮絲和琳達。

我最初考慮要交替進行兩人的催眠，但後來決定，如果一次專注在一個脈絡，我會比較容易追蹤個別故事的發展。而且，如果輪流的話，那就表示當我和其中一位進行的時候，另一位必須等候。我們因此決定一天只針對一個人。我打算週六和琳達進行三段催眠，週日則和珍妮絲。這是我第一次試圖這麼做，我並不知道對她們會有什麼影響。我預期她們會覺得疲憊，不過應該不至於像我一樣累，因為她們會感覺整天都像在打瞌睡。

這是一個實驗，我們不知道結果會如何。如果辦到了，那麼我就可以在一天內完成相當於一個月的進度。

我和琳達的催眠從星期六上午開始。她一抵達，我就看到她的右前臂打了石膏。聖誕節前，她在冰上摔了一跤，把手跌斷了。由於石膏笨重又不舒服，我有點擔心在進行時會讓她分心。我以為這會妨礙她進入深度的催眠狀態。但琳達在肚子上擺了個枕頭，將石膏手臂擱在上面。

在我進入琳達的潛意識搜尋巴多要傳遞給我的資料之前，我希望能先深入了解巴多的背景；如果將來要把這個故事寫在書裡，就有必要先把舞台佈置好。我必須知道巴多的經歷，了解在我們第一次見面之後，以及他搭乘太空船尋找傳人之前所發生的事。這是這個工作的第一要務。

催眠開始，我說出琳達的關鍵字，立刻有了效果。她手臂上的石膏沒有造成任何問題，她很快就進入深度的夢遊催眠狀態。接著我用數字引導她回到巴多的時代，詢問她在做什麼。

琳：（她的聲音再次變得輕柔緩慢）我在一個廣場。在城堡裡面。像是個市場。很熱鬧。今天有很多活動。大家都帶商品來販售。也有製造的人。還有鐵匠。孩子們跑來跑去。有狗，有好多動物。今天非常熱鬧，大家在慶祝秋分的豐收，這是為什麼有那麼多活動，也是我在這裡的原因。農作物在這個時節已經收成，大家都在歡慶豐收。感謝神祇在生長季節的庇蔭。慶祝活動將持續三天三夜，在最後一個晚上會有最盛大的慶典。

朵：你們信奉哪一類神？

琳：很多。像是自然元素的神祇（指風火地水）。大地之神。太陽神和月神，還有風神和雨神。

朵：你們的國家有沒有「教堂」這樣的地方？（安靜了一會兒，似乎沒有聽懂。）像是天主教教堂？

琳：他們來了很多次，希望鄉下的民眾改變信仰，不過沒被接受。來的人被丟石頭。他們現在不來煩我們了。

朵：民眾不喜歡他們企圖改變人們的信仰？

琳：不是，是因為他們稱我們為異教徒，而且對我們很惡劣，好像我們不夠好似的。

朵：所以你們的民眾仍然信奉舊有的信仰，是嗎？

琳：沒錯。

朵：你和你的老師接觸了嗎？（沒有回應）你知道我的意思嗎？

琳：我最近和某個人說過話，不過他並沒有跟我說他是我的老師。

顯然我們來到比第一次催眠進入的時空還要早的時期。

琳：他是位老先生。他不是這裡的人。他是在好一陣子前到森林裡找我的。當時我坐在樹下沈思，他獨自一個人走著，然後就向我走來。他背上有個背包，所以我猜想他是要去哪裡旅行。我們聊了一會兒，就這樣。

朵：他說他是從哪兒來的？

琳：他沒說。他只說他來自很遙遠的地方。一個我不知道的地方。他問我那麼認真在想些什麼？我說我只是在想我的人生。我們天南地北什麼都聊，還談到人們就是不懂。

朵：這是你的感覺嗎？人們不懂你？

琳：是的。就好像他們對生活裡所發生的事情的看法和我完全不同。他們的生活方式和我想過的人生並不一樣。

朵：這位老人家跟你有同樣的感受嗎？

琳：噢，是啊。他說是「時代」的關係。人們不瞭解。

朵：你找到一個談得來的人，很好啊。

琳：是啊。後來他要走了，我還覺得很遺憾。不過他說，他可能很快會回來。也許我們可以再聊。

朵：那就太好了。他有沒有提到他的名字？

琳：有。他的名字很奇怪。他叫做……「克里斯多佛」（Christopher）。我從沒聽過那個名字。我覺得有點奇特。

朵：你的意思是，在你的國家那是個怪名字？

琳：我從來沒聽過。他是個老人家，但感覺上那個名字應該是很年輕的人。當我說那個名字的時候，內心有很平靜的感覺。

朵：好，讓我們回到慶典……你在那裡玩得很開心，不是嗎？

琳：噢，是的。有許多新鮮食物，還有農民做的各種貨物商品。大家又唱歌又跳舞的。

朵：真是個愉快的一天。讓我們離開那個場景。我要你往時間前移，來到你那一世較年老的時候。……你現在在做什麼？你看到什麼？

琳：我在一個離家很遠的城市。那裡的街道是用石塊砌成的。那裡有非常骯髒的……有很多乞丐。很悲哀，令人沮喪。我不喜歡這裡。

朵：這個城市有名字嗎？

琳：我必須要搭船才能來到這個地方。這是在英格蘭，這個城市的名字是利物浦。這裡的情況非常糟糕。

朵：你在那裡做什麼？

琳：我旅行到遙遠的地方瞭解這個星球的人如何生活。看看大家有什麼不同。有時候我逗留很長的時間，有時候我很快就離開。我大概明天就會離開這裡。這裡讓人難過。看到人們淪落到這種地步，我感到痛心。他們對待彼此非常惡劣。

朵：你說你也去過其他的城市和國家？

琳：啊，是的，很多。過去十年以來，我都在四處旅遊。

朵：你去過哪些國家？

琳：我去過高盧（gaul）（譯注：古代西歐地名，即今法國、比利時、德國西部和義大利北部），也去過羅馬。我拜訪過很多地方。我到過東方。大多數人不曾去過那裡。

朵：東方有什麼？

琳：噢，那是個非常大的國家。而且他們的生活哲學和我們非常不同。他們的膚色和我們不一樣，他們還做一件事：「冥想」。冥想的時候他們接觸到他們的（他有困難描述）……內在知識。他們很有智慧。

朵：你是怎麼旅行到這些國家的？

琳：走路。

朵：那會是很遙遠的路程，不是嗎？

琳：噢，是的。有時候碰到水就必須搭船，不過通常我都走路。

朵：你怎麼知道你要去哪裡？

琳：我就是去我感覺該去的地方。感覺什麼方向，就朝那個方向前進。

朵：你必須擔心錢或食物的問題嗎？

琳：有時候。通常我沿途會遇到一些人，他們對我很好。他們會讓我借宿，所以到目前為止，我還不必去擔心這些。我一直被照顧得很好。

朵：你現在知道你的國家的名字嗎？你年輕時候住的那個國家叫什麼？

琳：有時候大家用不同的名字來稱呼。有些人叫它……（有困難發音）……「希頓」（see-ton）（類似音），（停頓了很久）我不記得了。它沒有什麼名字，它是個自給自足的王國，而且那裡也沒有人外出旅行。

朵：所以你離開是相當不尋常的事？

琳：是的。不曾有人離開那裡。

朵：你會想離開是一件很勇敢的事。

琳：我其實並不想離開，但我被告知必須這麼做。我遵照指示前往許多地方，瞭解各地人們的生活。不過他也說不必擔心，這一路上會有人照料我。結果也確實如此。而且我並不孤單。

朵：要前往半個人都不認識的陌生他鄉是會讓人害怕的。

琳：最初是這樣。我嚇壞了。

朵：是誰要你這麼做的？

琳：經常來找我的那個朋友。他說這件事很重要，我要去看看地球的人們是如何生活。他說我的王國實在是太偏僻了，如果我不自己去發現，就算我想了一百萬年，也絕對想像不出其他人是什麼樣子。

朵：你學到了哪些關於人們的事？

琳：我學到許多不同的文化。由於居住地方和生活方式的不同所造成的差異。還有這種差異如何影響他們看待生命。我學到有的人很好，有些人很惡劣。有些人很無知，眼光短淺。

朵：他們說的語言都不同，不是嗎？

琳：是的，他們使用不同的語言。

朵：你和他們的溝通有沒有困難？

琳：沒有。我的朋友教了我許多事。其中一件就是專注在別人的前額中央，這樣一來，不說半句話也可以溝通。那是心智間的溝通。它不像交談，而是資料的互換。

朵：那個人是不是要全神貫注才行？

琳：不必。最初他們感到訝異。他們接著會開始對我說話，當我凝視他們的時候，就好像有股力量讓他們全身上下都平靜了下來，然後我們「溝通」。當溝通結束，他們又會從我們剛見面的那一刻接續。這很奇怪。

朵：事後他們會記得嗎？

琳：不會。就彷彿時間出現了一段缺口。他們甚至沒有察覺到。

朵：這有任何緣故嗎？

琳：有的。因為如果他們知道了，他們會非常害怕，因為害怕，還很可能把我處死。他們會認為我很邪惡。

朵：這樣的溝通讓你比較方便，是嗎？

琳：噢，是的，方便許多。不然我就無法和他們談話。能這樣做很棒。我和低下階層的人說話。我和貴族交談。我和國王說話。我和農夫，還有商人對話。我學到了很多東西。

朵：你曾經遇過重要的人物，像國王？

琳：是的，有時候我在旅途上會遇見國王，有時候只是貴族。我遇過僧侶，大祭司。我向來覺得他們的哲理很有意思。他們也總是一副很正義很正當的樣子。有時候我覺得好笑。但我不會跟他們說。

朵：他們認為自己的哲學或人生觀才是唯一的？

琳：是的，是的，就是這個讓我覺得有趣，覺得好笑。

朵：有一次我跟你談話時，你說你正在找一個人。是真的嗎？

琳：是的，我在尋找一位年輕人，我要在離開這個世界之前，把學到的東西教給他，這樣他就能延續我的工作……至今我還沒找到他。

朵：當你找到那個人時，你怎麼知道就是他？

琳：我會立刻知道。會有徵兆對我顯示，我會知道。

朵：你知道那會是什麼徵兆嗎？

琳：不知道，不過我被告知，一旦我和他開始交流，我就會知道。

朵：這是你旅行的原因嗎？你不認為在你自己的王國可以找到那位年輕人？

琳：是的。不過我的旅行也讓我學到許多事。我可以把我的見聞告訴他。

朵：我想你經歷了許多奇妙的事。

琳：是的。但我也看到一些非常惡劣糟糕的事。不過，生命就是如此。好與壞你都必須接受。

朵：你不能做任何評斷。

琳：不能。那樣做毫無意義。我無法做任何事來改善現狀。我是在收集資料，收集這個時代所發生的事。

朵：是的，就算你想試著幫助人們也是徒然。太多人需要幫助了。

琳：他們不願意聽。他們這時候還沒有準備要改變他們的看法。

朵：我假設你就像一個觀察者？

琳：是的。

朵：當你決定離開的時候，你的家人怎麼想？

琳：他們很傷心。不過，他們總覺得我是個瘋子。所以這只是另一樁傻事。

朵：你和他們向來都不同。

琳：沒錯。因此他們就順著我。有時候我會想念他們。

朵：我想你有時候也會感到寂寞。

琳：是的。雖然他們不知道我所知道的事，但「家」仍是讓人感到舒適自在的地方。

朵：是的，我可以瞭解……所以，你現在是在一個叫利物浦的城市？

琳：對，明天我就要離開了。我可能會去西班牙。

朵：那你就必須再搭船了？

琳：是的，是的。

朵：你曾經想過要往另一個方向嗎？橫跨海洋？

琳：關於這點曾經有人討論過。不過，我不認為目前有那麼一個航行的路線。海洋非常遼闊，而且我現在並沒有準備好要進行那個計畫。

朵：你的意思是，至今還沒有人朝那個方向（指往西）航行？

琳：很多人在討論。有位叫哥倫布的，他說地球是橢圓形。大家都嘲笑他。

朵：你見過那個叫哥倫布的人嗎？

琳：沒有，我沒見過他。我只是聽過城裡的民眾談到他。他們說到他，然後嘲笑他。我心裡覺得悲哀。所以我就只是站在那兒，聽他們談論了一會兒。有那麼一刻我還在想，或許我可以幫他一點忙，但我被吩咐不要這麼做。不過哥倫布是對的。他不知道自己有多正確。

朵：你怎麼知道？

琳：我的朋友告訴我這些事的。……我可以幫助哥倫布，協助他的旅程。不過我奉命保持沉默。

朵：你的朋友跟你說外頭有些什麼？

琳：他給我看圖片。不是圖畫。他稱它們「照片」。我不懂那是什麼。它是圖片，不過跟我曾經看過的不一樣。那不是用筆畫的，也不是用顏料著色。它們非常漂亮。他還給我看跟地球有關的難以置信的東西，我永遠也想像不到。

朵：可以跟我分享嗎？

琳：那就像是我在非常遙遠的夜空中往下俯瞰，看著底下深遠，遙不可及的地方。真是太美了。你可以看到地球的形狀和海洋上的陸地，那些我永遠不可能知道的地區。你知道的，今天的人只想到他們生活的地帶。他們根本不認為還有別處。有太多地方不為人知，或無從想像。……遠比我們現在居住的地方還要大。遠為遼闊的陸地……上面有森林、丘陵和山脈。難以置信……。有的地方有人居住，有的沒有，就只是一片荒地。（這整段的語調帶著惆悵。幾乎是憂鬱。）

朵：這些地方住的是什麼樣的人？

琳：我沒到過所有的地方。我只去了小部分，都是在我這一帶，因為要徒步走到那些地方是不可能的。不過，我朋友告訴我，或許有一天，我可以去拜訪這些遙遠他方。

朵：你說你看過照片。

琳：是的，但不是人的照片，而是從非常遙遠距離外所看到的地球和陸地。不過，我倒是很想看看那些地方的人。我好奇他們是不是和我們一樣。

朵：你認為這就是那位叫哥倫布的人要去的地方嗎？

琳：他認為自己是去東方。我不認為他知道其他地區。他不知道那些地方的存在。

朵：而你的朋友並不想你告訴他？

琳：沒錯。他說那麼做很糟。他說反正哥倫布也不會相信我。

朵：那是真的。他必須自己去發現，就像你一樣。在你的時代，一般人認為外面的世界有些什麼？

琳：他們相信如果你航行到遠方，你會遇到許多邪惡的事，而且你會被那些東西掌控。你會永遠迷失。

朵：在你這個時代的人相信別的地方還有其他人嗎？

琳：不相信。他們不相信在肉眼所見的範圍外，還有任何東西。

朵：當你的朋友給你看地球的照片時，地球看起來是什麼形狀？

琳：有點圓，還有很多水。（興奮的語氣）你知道嗎？我認為地球是在轉動的。

朵：看起來像在轉動？

琳：是的，但轉得非常慢。上面還有水和陸地，大片的陸地。到處都有水。

朵：你那個時代的人相不相信地球是那樣？

琳：他們不知道我看過這些東西。他們認為地球就是他們生活的地方那麼大。除此之外沒有別的。大多數人都很恐懼，他們固守自己知道的事。他們只在住處附近活動，不會去遠地冒險。

朵：所以你做這些事是非常勇敢的。

琳：我必須非常信任自己得到的指示。最初很辛苦，但幾年後就容易了。

朵：你大概也很害怕。你並不知道外面的世界是什麼樣子。

琳：我是很怕。很恐懼。但當我了解到自己不會受到傷害，我會受到照顧後，就輕鬆容易得多了。

朵：你還跟你的朋友見面嗎？

琳：是的，他偶爾會來跟我說話。他有時候會給我看很棒的東西。告訴我我需要知道的事。他給我看地球的圖片，教導我地球的知識。他還告訴我多年後的情況會是如何。人們的思想模式和生活型態會有怎樣的進展。還有文明會有多大的變化。非常有趣。有時候很難想像這些事真的會發生。

朵：他跟你提到會發生哪些難以置信的事？

琳：（興奮的口吻）他曾經告訴我——我覺得這實在很難相信——將來會有在天上飛行的馬車。是不是很滑稽？

朵：嗯，聽起來的確很怪，不是嗎？

琳：而且地球各地的人們會坐著它們旅行。他們會知道我們現在不知道的所有地方。

朵：想到有人能飛真是神奇。

琳：是很令人興奮。我不能……（嘆息）我的心智無法揣摩這樣的事。我問他那麼馬是不是就會有翅膀？他說那時候不是馬。你能想像嗎？

朵：不能，我無法想像這要如何辦到。

琳：我也不能。未來會有許多奇妙的事。他說將來會有能夠做十人份工作的機器。到時人們只要按下按鈕就可以把事情做好。

朵：那就可以省掉很多事，不是嗎？

琳：是的，是這樣的。他說人與人之間的溝通也會比現在好。將來大家可以在不同地方，透過東西交談，你可以在好幾哩外聽到他們的聲音。他說這會讓整個世界開始溝通，我們因此能彼此交談。不再無知。

朵：這些都是好事，不是嗎？

琳：是的。如果能去除些恐懼就太好了。人們就會善待彼此。

朵：你認為人們如果有了可以交談的工具，就會彼此友善嗎？

琳：是的。他們就不會那麼害怕。你瞧，人們現在很孤立。他們的生活範圍就是家人和自己住的小城市。他們對這些範圍以外的一切都很懼怕。由於內心的恐懼，他們無法好好溝通。只要人們願意，他們可以相互學到許多事。透過這些方法便可劑除無知。

朵：所以你認為解決的辦法是要去學習溝通？

琳：絕對的。欠缺溝通很糟糕，因為它讓恐懼籠罩人心，看不清眼前的真相。恐懼將一切蒙蔽在黑暗裡。

朵：那麼你的朋友對你提到了未來的人用來說話的東西？

琳：是的。而且還能用來聽。那些是很小的機器。我不知道它們長什麼樣子。他只告訴我，那些是很小的機器。

朵：這會是好的發展，因為這樣人們就能相互溝通。

琳：是的。他們能夠提出對事情的看法，其他人也可以說出想法。也許最好的意見就能被採用。

朵：我覺得聽起來很棒。他還有告訴你其他難以置信的事嗎？

琳：是的，非常多。他說這個宇宙裡還有其他的世界。而且那些人的進展比我們快上許多。他們擁有的知識也比我們多。但是，隨著我們的世界成長並有了這些機器幫助我們的知識更豐富之後，這些住在別的星球的人，或許就會來訪，並和我們交換想法。

朵：這些聽起來都很棒。

琳：我認為好極了。

朵：很難想像有人住在其他的世界，是不是？

琳：是的。真的很難想像，雖然我向來都知道。不知為何，這點我還比較容易理解，但對於地球上還有其他我不知道的地方，我反而難接受。

朵：有人住在地球以外的世界，這一點你還比較容易理解？

琳：是的，相對於地球上還有其他地方，而不只是我們住的這裡，我很容易就瞭解有人居住在地球以外的世界。

朵：但是在你這個時代，其他人不是都很難想像有別的世界嗎？

琳：噢，是的，他們認為那是邪惡的，他們很怕去想這種事。他們的恐懼讓他們畏縮。對於不瞭解的事，他們就說是邪惡和不好的，並且試圖把它們燒掉或毀掉。他們就是非常害怕。

朵：你先前說你去過羅馬，那裡不是天主教的本營嗎？

琳：是的，那裡有許多很美的地方。很多神父到鄉間傳教。他們內心也充滿恐懼。

朵：你這麼認為？

琳：是的。我是這麼想的。他們企圖用他們宗教的哲理來控制農民。不過那都是為了掩飾恐懼。

朵：為什麼宗教會有恐懼？

琳：我不知道。他們的上帝一定不是很好，要不然他們為什麼會有那種恐懼？

朵：你的意思是神父自己都害怕？

琳：是的，他們有這套體系。就像個王國。都是同樣的東西，只是不同的名稱，目的是要操控鄉下農民，要他們順從。那是一套在上位者用來對付小人物的制度。他們相信只有他們的上帝才是真的，其他都是邪惡的。只有一條正道，那就是他們所教導的。而你如果不遵循他們的指示，你就會永遠被打入地獄。這是不正確的。有很多很多的途徑。這是我學到的字，你知道嗎？「途徑」（avenue）這個字。是不是很奇特？

朵：那是個奇妙的字。你認為那是什麼意思？

琳：途徑表示路徑或道路。我覺得這個字很有意思。途徑。

朵：是的。可是你認為他們將自己的宗教視為唯一道路和方法的想法是不對的？

琳：絕對的。他們告訴農民，他們非常非常神聖或非常非常有智慧，而且就是如此。這個宗教不允許個人檢視自己內在的真理。他們教育民眾，他是非常渺小和受限的。民眾必須確切地遵照指示，而且只能有一種作法。這很糟糕。不准人們獨立思考。（嘆氣）但這個時代就是這樣。你知道的，到處都是這樣。不只是羅馬，也不只是宗教。當時的政治也是如此。你不被允許有自己的想法。你被吩咐要想些什麼和做些什麼。我很訝異這個現象如此一致，全世界都是這樣的模式。儘管有些地方的習俗不同，做事方式也有些小差異，但基本上都是一樣的。恐懼都是一樣的。懼怕的事可能不同，不過根本上，大家都被恐懼籠罩。而且他們允許恐懼扭曲他們對生命的詮釋，他們讓恐懼令自己退縮。他們害怕會受到懲罰。

朵：他們寧願守著自己知道的東西。這樣他們才覺得安全。

琳：正是如此。這樣也就不會有被丟石頭、吊死或被裝進箱子裡的危險。

朵：被裝進箱子裡是什麼意思？

琳：他們有這種東西。非常可怕。那是木頭箱子。他們把人裝進去，關上好幾天，不給食物，不給水喝。有些人就死在裡面。很可怕。

朵：信仰不同的人就會受到這種處置？

琳：是的，或是他們質疑的話。有些壞人確實是應該被關進箱子裡。他們偷竊、殺人或做那類壞事。但是，只因為相信的東西不同而被關進去，在我認為非常糟糕，沒有正義。如果你在自己心裡有不同的想法，這會傷害到誰？也許還更好呢！

朵：你在旅行中對人們的健康方面有什麼發現嗎？

琳：有些地方不錯，人們很長壽，尤其是住在開闊的農場或田莊的人。如果住在城市就非常非常糟糕。如我說的，城市往往很骯髒，還有很多疾病。那裡的人壽命不長。城市裡有很多人死亡。

朵：有所謂的「醫生」照顧這些人嗎？

琳：有，不過沒有用。這些人還是死了。我認為他們完全沒有幫上忙。他們以為幫了忙，其實不然。

朵：嗯，你這路上一直都很幸運。你曾經生病嗎？

琳：有幾次。不是很嚴重。城市裡的人多半在四十歲就死了。這個年齡在城市算老了。我現在五十，大家對我竟然還這麼健康都感到訝異。我的頭髮已經開始泛白，不過我很健康。

朵：所以在那時候五十歲就算老了。

琳：很老，很老了。

朵：可是你還是能走路和旅行。

琳：是的，是的，我的身體狀況很好。我沒有馬匹。除了照顧自己之外，我不想有任何責任或負擔。甚至我都被照顧得很好。

朵：我在想，如果你有馬的話，就可以行進得更快。

琳：沒有馬我就不必擔心餵養牠或住宿的問題。我可以依自己的速度前進，路上想停留多久就多久。有時候我會搭便車，不過不常這麼做。

朵：但你坐過船？

琳：這是必要的，因為我無法游那麼遠。為了能到別的地方，必須這麼做。

朵：你乘的是大船嗎？

琳：有時候。我搭過有很多帆的大船。其他時候就只是小船。這要看誰願意順道載我一程。

朵：這樣你就不必擔心錢的問題了，對嗎？

琳：對，是不是很妙？以前我絕對想不到，沒有錢竟然還能夠旅行這麼久。真妙。

朵：你有攜帶任何衣物或東西嗎？

琳：沒有。當我的衣服破舊了，總會有人給我新衣。也有人給我食物。我隨身帶一根大棍子。它就像拐杖，幫助我上下山坡。這根棍子成了我的老朋友。

朵：你認為你會找到那位你要傳授知識給他的年輕人嗎？

琳：我現在有點擔心了，因為年紀的關係。以前我並不擔憂。我只是覺得時候到了，他就會出現。但隨著我的年歲越來越老，我開始憂心自己無法及時找到他。你知道的，我有好多東西要告訴他。而且這不是一天或一個禮拜就能說完的。我要告訴他的事情非常多，會需要一段時間。我必須和他待在一起。我必須在身體還健康的時候教導他。這是我現在很憂心的事。雖然我被告知不必擔心，都已經安排好了。而至今我被告知已安排妥當的事，也確實都是如此。所以，我想我應該停止憂慮。我並不覺得自己老了，只有在別人提醒時。

朵：你並不感覺自己的身體老了。

琳：我內心不覺得老。但對別人來說，我的外貌是老了。

朵：可是你接下來還要去西班牙？

琳：是的，我從沒去過西班牙。我知道那裡非常漂亮。我想我可以親自去看看。我曾到過東方、北方和西方。不過我還沒去過南方。說不定這一次可以去。通常在我要動身離開的當天早上，醒來時，我都會收到往哪個方向前進的指示。我被告知要向東或東北，或是走哪條路。我現在被吩咐走這條，於是就這麼做了。

朵：你不問任何問題。

琳：是的。

朵：好，讓我們離開這個場景。我要你往時間前移，直到你已經抵達西班牙。告訴我，你對那裡的看法。你有搭船嗎？

琳：有，這次我搭乘一艘大船。我在小旅館遇到船長，他和我很投緣，願意載我一程。我住在他的艙房。很漂亮。那是艘有很多桅桿的大船。

朵：你覺得西班牙如何？

琳：目前為止這裡的人還不是很多。氣候很溫暖。跟利物浦的差別好大。我的骨頭都暖和了。利物浦很寒冷，非常潮濕。……陽光照在我身上，感覺真舒服。空氣非常新鮮，還有恰到好處的微風吹來。所有我聽到關於這裡的事都是真的。

朵：你會在那裡待上一陣子嗎？

琳：我想很有可能。我想和這裡的人聊聊，了解他們的生活哲學。他們看來很友善。他們似乎不是那麼恐懼。這些人心胸開放。他們不是那麼拘泥在傳統裡。而且他們似乎比我之前見過的人更能獨立思考。

朵：也許你會在那裡找到你的傳人。

琳：我不這麼認為。我認為我的傳人離這裡很遙遠。我不知道為什麼自己現在這麼想。我不認為我會找到他。我認為他會找到我。我想我會在西班牙待上一陣子。也許他們會派他來找我。這裡很不一樣，讓人耳目一新。我可以在這裡待上一段時間。

朵：但你真的認為有一天你會找到他嗎？

琳：我是被這麼告知的，而我沒有理由質疑或是有其他的想法。

朵：你已經為這件事投入你的一生。只要你相信這件事，這裡面一定有些真理的。

琳：是的。這是很久前我就學到的很重要的一課。信心的功課。

朵：所以，如果這是注定要發生的，你就會找到他。

琳：是的。

朵：好，那就這樣吧。西班牙聽來是個非常美麗的地方，你可以在此停留一陣子。

接著我便引導琳達回到意識完全清醒的狀態，將巴多留在他的世界。我知道，我們很快會再和他會合，繼續我們的故事。

第二章　課程開始

第一段催眠結束後，我們暫停幾個小時用午餐、休息、聊天，然後在下午兩點左右繼續工作。我再次使用琳達的關鍵字引導她回到那一世。我已經知道了巴多的背景，現在要做的是取得資料。我的好奇心已被挑起，我想挖掘巴多要傳授給他傳人的到底是哪些知識。我打算讓他回到那艘太空船上，從那裡開始銜接這個故事。

朵：我要你回到巴多在那個奇怪空間的時候，當時他正要去某個地方。我會數到三，然後我們就會在那裡了。一……二……三……我們又來到那個場景。你才剛離開臥室，發現自己在這個奇怪的地方，外面還有東西飄過。你現在在做什麼，你看到什麼？告訴我。

琳：這裡只有我一個人（幾乎是敬畏的語氣）。我坐在椅子上，望著外面的宇宙，看著恆星和行星經過。……我在睡夢中被叫醒，被詢問是否要去旅行。我同意之後，就被吩咐要穿上這些衣服。接著我被一道光束包裹住，然後我就發現自己一個人坐在這張椅子上了。

朵：你之前說你現在年紀更老了？

琳：是的。我很老了。我現在快六十歲了。我很老很老了。

朵：你還在尋找你的傳人嗎？

琳：是的，還在找。我覺得我沒有達成這生的使命。我試著去信任，相信在適當時機我就會得到需要的線索。不過，我已經這麼老了，我開始懷疑也害怕了起來。

朵：你在地球上旅行的期間，曾經遇到你認為可以託付這些資料的人嗎？

琳：沒有，沒有半個。我原以為東方文化比較能理解、比較開明、接受度也較高。但是他們也被自身的傳統和信仰體系遮蔽了。我非常失望，也開始喪失信心。直到今晚，我被告知這會是我最後的旅程。我會得到最後的答案——我尋覓的終點。

朵：最後的答案是什麼？

琳：最後的答案就是和類似我的人分享這些知識，那些人願意接受對他們來說無法揣摩和理解的觀念。他們能夠不懷恐懼，不帶歧視和偏見的來檢視這些事情。純粹接受這些事實並小心地檢視。純粹分享所知道的，就是這樣。

朵：他們要帶你去見你的傳人嗎？

琳：他們要帶我去一個新地方。他們稱為「僑居地」。那是一個新的實驗地，他們希望純粹真理能在那裡普及而不受到任何扭曲。這些人的心思純正。我會是他們（指在僑居地的存有）的老師。我會把這麼多年來累積的知識教給他們。他們將成為這門知識的守護者。因為他們的純潔，他們不會以任何形態和方式誤用、濫用、私藏或歪曲這些知識。他們將成為宇宙真理的知識守護者。

朵：這就是你的傳人會在的地方？

琳：是的。然後在適當時機，他會被派去啓蒙地球。在此之前，他會和其他存有一起在這裡等候。其他生命體也會在適當時候將訊息帶到別的地方。

朵：你為什麼不能傳遞給地球上的某個人？你之前認為你是要這麼做的。

琳：因為找不到用心純正，不會扭曲或誤用這些知識的人。以目前地球的進化階段來說，人類還沒有準備好。在人類能善用任何這些知識造福人群之前，他們還有許許多多的功課要學習。要不，知識會被扭曲、被誤用，最後並摧毀整個地球。

朵：那麼以這樣的方式，這個知識最終還是會被帶回地球。

琳：沒錯。這位傳人會住在這個「僑居地」。這個地方沒有時間和空間的概念。他們不會老化或有任何方面的改變。這裡是個暫時停留的地方（中介區）。當我的工作完成，我也會離開，前往我的地方休息。我不會待在這裡，在好一段時間裡也不會回到地球。

朵：如果你認為自己老了，你去哪裡會有影響嗎？

琳：不會。但我不能留在這個僑居地。我的靈魂模式和這裡的存在體不同，無法在此地無限期的停留。我在這裡不會舒服的。我確實渴望完成工作後能夠休息。我需要休息一段時間。我需要和「一切萬有」同在。

朵：你是說當你把訊息和知識傳授給這裡的存在體之後，你將以這具身體回到地球？

琳：不是，我在很多很多世代裡都不會再回到地球。我會到「一切萬有」那裡休息。我將在漫長時光後，以不同的身分返回地球。

聽他的回答，他說的地方像是靈界。他在轉世進入另一具肉體前，要先在靈界休息一陣子。我在《生死之間》（Between Death and Life）描述過這個地方。我唯一不解的是，他並沒有提到死亡。他顯然還是有身體。但每一個人都知道，死亡時，你不能帶著身體同行。

朵：我正在試著瞭解。你現在還是有你的身體。它就在這個房間裡，坐在椅子上。

琳：是的，那是我的身體。我從沒問過身體會發生什麼事。或許我應該問。但這似乎不重要。

朵：好吧。那就讓我們繼續前進，讓這個交通工具或什麼的……你現在搭乘的這個機器抵達目的地。你說你是前往僑居地。讓我們繼續前進，直到你抵達。到了之後，告訴我你看到什麼。

琳：這裡好亮……我現在還是坐在椅子上，盤旋在這個明亮地方的上頭。突然間，我的身體被一道非常強烈的光環繞。這道光來自房間（指太空艙）頂部。是一道圓柱形的光，我就在光的正中央。然後就那麼一瞬間，我人已經在這些靈體旁邊了。我已經不在房間（太空艙）裡。我就這樣被這道光運送到這些存有旁邊。他們都非常、非常高與看到我。他們看起來像是光體。每一個都不一樣，卻又類似。他們是很亮很亮的存在體。

朵：他們沒有身體特徵嗎？

琳：有，但他們太亮了。當我試著直視他們的臉時，亮到什麼都看不到。就像直視太陽一樣。我可以隱約看到他們在微笑。他們一定有嘴。我感覺他們在對我微笑。不過，他們被非常明亮的光芒籠罩，我無法辨別他們的身體形態。

朵：你還在你的身體裡嗎？（停頓。也許他不確定。）你感覺如何？

琳：非常輕，非常輕，好像在飄浮。像是沒有重量，沒有任何作用力。我自由了……。我不認為我有身體。我覺得我就只是「我」。

朵：你認為這些存在體是物質形態的嗎？

琳：（停頓）或許吧。但我認為他們很可能是純能量。我看得到他們，不過我不認為他們是人類的身體。

上面這句話帶著好奇、納悶的語調，彷彿是在試圖了解某個奇怪和陌生的現象，而他對此毫無準備。

琳：我認為我來到了一個不同的存在層面。一開始我是帶著身體旅行，但我想我已經穿越了物質／肉體層面並進入了一處我不知道的地方。然而，我覺得只要我想離開，不論什麼時候，我都還是可以回到那個房間（指太空艙）。

朵：你認為你的身體還是在那裡？

琳：是的。

朵：你說你要和他們分享你的知識。對嗎？

琳：對。

朵：之前我問過你，是不是有可能也和我分享。你說你必須先徵得同意。你認為可行嗎？

琳：我充滿期盼，希望能被允許取得這些知識。我強烈的好奇心渴望如願，但這完全要由外在的力量決定，而我對這些力量一無所知。

我問過我的朋友，他說，或許你可以旁聽我的教學課程。

我感到一陣興奮。

朵：如果可以的話，真是太好了。

琳：他說會有你不能旁聽一些特定內容的時候，不過，大多數的課程都可以讓你參加。

朵：為什麼有些特定內容我不能聽？

琳：因為在一項計畫能在地球執行前，還有少數幾件事要先處理妥當。那幾件事的內容要先保留，等到計畫實行才能說。一旦實行了，這些保留的資料就會提供給你。

朵：那麼如果我旁聽這個教學任務，我就能分享這些知識了？

琳：沒錯。你被給予這個機會，因為你也是不會渲染或扭曲訊息的極少數人之一。你的心思純正，不會為了自己的利益使用這些資料。

琳達的呼吸變得越來越快，顯示她不太舒服。

朵：我知道這些條件很重要。

琳：是的。不是每個人都做得到。只有非常少，非常少的人。

在她說最後這幾句話的時候，我注意到她的呼吸不規律，愈來愈急促，而且還有些吃力。這讓她很難把話說得清楚。

琳：這裡的空氣要做調整。我的胸腔很沈重。（她的呼吸依然吃力）我還要過幾天才能適應。

我給了些指令，消除她身體不舒服的感受。個案的舒適安好向來是我的主要考量。

朵：現在跟我說話的這個身體能夠毫無困難的調適，即使和我溝通的這個存有面臨些問題。你了解嗎？

琳：（她的呼吸漸漸恢復正常）我了解。

朵：好。你要開始上課了嗎？

琳：快了。現在是歡迎時間。歡慶的時刻。團聚的時刻。

朵：他們一直在期待你的來臨嗎？

琳：是的，他們一直在等我，而且他們非常非常開心。他們對我歡呼。他們擁抱我。他們為我感到開心。

朵：聽起來是個好地方，很友好的環境。

琳：噢，這裡非常好。非常溫暖（指氣氛）。

朵：我們可以前進到你開始上課的時候嗎？這樣我就可以聽課了。你有沒有任何講課的計畫或順序？

琳：我還沒有想。我有一次曾經擬過計畫，不過隔得太久，已經忘了。我現在決定先讓我的朋友們發問，然後從他們的問題開始講起。我覺得這大概會是目前最好的做法。

朵：我同意。但因為我聽不到他們的發問，可以請你重複嗎？

琳：好的。

朵：你現在就要開始了嗎？

琳：是的。

朵：好。那就依你的步調開始吧。

琳：我現在面朝向……阿特尼斯（這是近似發音，有可能是阿德尼斯），他問我（說得很慢，像是在聆聽然後重複。）「地球是出了什麼問題，為什麼地球人的信仰體系那麼狹隘？」……在很久遠很久遠以前，人們帶著宇宙的浩瀚知識來到地球。當時已經有其他人住在這裡，他們不像這批新來的人那麼有知識。新來的那群因此得以檢視「權力－力量」（power）的議題。在此之前，他們不曾有過這種體驗。結果，他們喜歡那種感覺。權力帶給他們前所未知的快樂，他們因此決定私藏而不分享那些原該分享的知識。他們並且奴役那群知識不如他們的人類。他們對人類說一些不是事實的事情，威嚇人類服侍他們。他們被視為神祇。他們變成了神祇。那些原本在地球的平凡人以為他們是神，因為他們能做不尋常的事。這個現象本不該發生。新來的那群沈溺在權勢和貪婪裡，他們不想離開了。他們想留下來。他們因此沒有離開地球。當他們的生命結束，有關這些神祇和他們偉大力量的故事流傳了下來，然後恐懼開始生根。人類懼怕如果不照「神祇」曾經說過的去做，就會遭到毀滅。那是地球非常黑暗的一段時期。

朵：他們跟地球人說了什麼讓人類感到害怕的事？是什麼讓地球人願意被奴役？

琳：他們告訴地球人，他們可以支配風、光、太陽、月亮和雨水。他們控制了這些力量，如果人類不遵照他們的規定，這些東西就會被摧毀。人類會因此沒有水、沒有陽光。人類知道自己需要陽光、水、風和雨，必須有這些才能存活。而神祇掌控了這一切，因此人類必須服從，不然立刻會被毀滅。人類並不知道他們的存在，他們的靈魂是永恆不朽的。他們只看得到眼前。……這群光體來到地球的最初目的，是要分享靈魂不死的訊息，好移除恐懼，讓人類瞭解真相。

朵：這些外星人有沒有展現神奇事蹟，讓人類相信他們就是神？

琳：有，他們有。那都是戲法花招。他們使用光和魔法，但人們以為他們是神。我想說，這是顯示人類的本性持續在內心對抗恐懼、對抗利己的最好例子。自私自利。權力。（譯注：這句話間接顯示這些外星生物也是人類形態，他們因為具有人類形體也通稱人類。）

朵：但這個問題是來到這裡的外星人造成的。

琳：是的。他們沒有照吩咐做。他們因為只服務自己而墮落，為了他們自己而不是地球人類的利益。

朵：你說這是人類的例子，但這個問題不是人類引起的。

琳：他們被派到地球，是要將地球人提升到較高的存在層次。他們是被派來教導，而不是奴役這裡的人。他們沒有達成使命。他們原是要來啓蒙人類瞭解真相，協助人類活在較高階的存在層面。他們被困住了。

朵：你說他們被困住是什麼意思？

琳：他們捲入「權力」，並且失去了原本要帶給地球人類的光明。地球是體驗新事物的地方。他們懷著提升地球上的原有住民到與自己相同層次的期望而來，卻適得其反，他們反被困住而且降到較低的層次。

朵：換句話說，這個特性融入了人類物種裡？（是的。）這就是你對這問題的回答了？（是的。）你要不要再回答別的問題？

琳：我們想先探討歷史背景，這樣大家才能了解在過去這段漫長時光裡的演變。我認為這大概是最好的說明方式——先讓大家知道過去發生的事，再由此接續下去。現在的這個問題是，「為什麼不派更多外星人去幫助被困住的那群？為什麼不派一些人把辜負信任的那群帶回來？」……原因是：當時我們擔心派更多人，他們也會陷進同樣的模式。因此決定等過了這個世代，再派遣一批新血去挽救計劃（指協助地球人提升到較高的存在層次）。這就是當時的狀況。第一批前往地球的外星人是來自提倫塔斯行星（音譯：ty-ran-tus）。這個星球和地球磁場在某方面很類似，因此這些人不難融入地球生活。他們不會被看成怪人。他們看起來和地球人很像。但不幸地，他們失敗了。

朵：他們就是想要權力的那群？

琳：是的。他們先來到地球。有一些和地球人生育繁衍。第二波派去的是來自（說得有些困難）……以朗依爾斯行星（Iran-i-us）。這些就不同了。他們長得不像人類，因此他們偽裝前來。以動物的樣貌。

朵：動物？

琳：是的。他們的任務是要悄悄地和一些選定的人合作，挽救這個計劃。有些被選上的人從他們以為的這些動物收到指示。這是發生在另一個層面，來自以朗依爾斯星的存在體，透過人類的夢境傳遞訊息。他們教導關於愛、生命不朽，以及物種合作的概念。這些都是隱密且微妙地進行。不幸地，這個方案也失敗了，因為只有少數人能接受這些新的思想。而且他們被民眾嘲笑輕蔑。由於害怕一般民眾的反應，他們不敢接受被教導的內容。當然，握有權力的人也不會接受，因為他們將會失去權勢。於是在這段時期，人類沉淪到最低的層次。那是令人非常失望的局面。

朵：這些外星人以動物的樣貌來到地球才不會引人注意嗎？

琳：是的，因為他們的模樣不像人類。

朵：他們真實的樣貌是怎樣？

琳：他們非常小，有很大很圓的頭和萎縮的細小身軀。他們也有手臂和腿，但是非常柔軟，跟人類的四肢很不一樣。他們認為自己太過顯眼，地球人會因為害怕而殺害他們。

朵：這麼說他們具有把自己變成動物模樣的能力了？

琳：是的。他們能夠呈現出動物的樣貌。他們偽裝自己。他們以動物樣貌出現。他們進入那種生物裡。

朵：這樣他們就可以透過人類的夢境，像你說的，微妙地影響人們？

琳：對。透過人類的夢。當時是希望，如果能影響足夠的人類，那麼這個協助計劃很快就能被扭轉。但顯然這方法太過細微、太過緩慢，因此也失敗了。

當我在為《殞星傳奇》（The Legend of Starcrash）研究印地安的傳說時，我發現許多故事都提到，在最早期，動物會出現在人類面前傳授知識。這在美洲印地安文化是很重要的一環。世上的其他文化也有類似的傳說。有一點挺有趣：在現代的幽浮/外星人目擊事件裡，外星人常以動物樣貌出現作為掩飾或用來遮蔽人類記憶，好使人類不致受到驚嚇。

朵：還有跟這個主題相關的問題嗎？

琳：問題是，「為什麼沒有多派一些以朗依爾斯星人去地球？既然他們是高智能的種族，他們可以戰勝當時住在地球上的所有人。」……就這個問題，我的朋友，答案是：「武力永遠不會有效。」武力不是可行的解決方法。地球人必須透過自己的選擇學習和領悟。武力太常被用來當成問題的解決方法。這種做法從不會有用。

朵：這是個好答案。下一個問題是什麼？

琳：「這個沉淪的過渡期持續了多久，才派更多人前往地球？」……持續了一萬年。當時的決定是先讓地球自己成長，或許可以學到些事。經過了很長的時間，情況並沒有改變。人類在無知與黑暗中成長。他們的內心幾乎沒有光明。

朵：當時人們做了哪些黑暗的事？

琳：他們非常原始。沒有什麼愛。地球上有許多殺戮、仇恨、權力鬥爭，這樣的情況延續了許多世紀，延續了非常非常漫長的時光。黑暗籠罩地球很長的時間。

朵：還有其他問題嗎？

琳：是的。問題是，「地球在這段期間有什麼變化嗎？」……當時地表出現很多變化。許多人被帶離地球（意指死亡），希望能補充較為光明的能量。

朵：那段期間地球發生了什麼變化？

琳：洪水。水，到處都是水。原本相連的陸塊分裂了。有段時期極為炎熱，熱到許多人死亡。有些人因逃離而遷移到其他地區。生還者開始了新的殖民地，祈求指引和知識。

朵：陸塊為什麼會分裂？又為什麼會有那麼多的水？

琳：地表下有種叫「格網」（grids）的東西，它把陸地連接在一起。當這些現象發生時，

（指人類的負面行徑）地表內的格網移位，各陸塊╱大洲因此分離開來。洪水是因為高熱融化了冰。當這些陸塊分裂的時候，許多生命消失。人類、植物和動物無一倖免。在這個高熱期過後，接著是冷卻期。經過冷卻，許多新生植物開始萌芽。新生命開始演進，大家都殷切期盼地球能進到光裡。他們以為人類已經學到課題，愛和相互接納從此會在地球茁壯。這樣的情形確實持續了一陣子，但沒有維持很久。人類對和平的生活感到厭倦，開始尋找刺激和變化。這就是後來發生的情況。

朵：你的意思是，當一切都很順利時，人類的天性就是不會滿足？

琳：是的。而這也是當時希望能改變的。但沒有成功。

朵：人類為了追求刺激做了哪些事？

琳：他們一開始會玩遊戲，接著遊戲變成了力量和意志力的比試。就這樣一件事接著一件事，他們又回到權力這回事。那種「我很重要、我比較強、我比較好」的心態。人們一直很難瞭解並學會這個課題。他們一再墜入為他們設下的陷阱。

朵：你認為這是因為來到這裡的那群外星生物的血統和人類混合的緣故嗎？這是源由，還是說它就是人類本性？

琳：這是人類本性，透過不同文化的混合在這個存在層面被擴大。那些來自其他世界，其他地方的外星人，來到這裡原是想改善地球，卻困陷於此。他們決心驅除並改善的現象，反而透過他們而擴大／深化到地球人世的存在裡。（譯注：「這是人類本性」乍看有些奇怪。但這句話意謂這些外星人也是被歸類於「人類」，或許基於都是（類）人類的生命形態之故。）

朵：因此他們的基因助長了這個特性？可以這麼說嗎？

琳：是的。而他們原本被派來的目的並非如此。這就是為什麼過了很久之後才派其他人來，因為害怕這個特性／情況再被擴大和惡化。

朵：好。我想目前我們就先回答到這裡。不過稍後我還會回來並提出更多問題。

琳：沒問題。我會在這裡。

朵：到時我們可以從這裡繼續這個故事。

琳：我們才剛起頭。

朵：總要有個開始。我有很多，很多的問題。

接著我引導琳達離開催眠狀態，回到完全清醒的意識。琳達醒後想告訴我存留在她心裡的影像。我再次啟動錄音機，錄下她的敘述。

朵：你說你可以看到地球內部？

琳：它就像是中空的，有些東西把它支撐在一起。我不知道那些是什麼。它們在裡面移動。（地球）頂端好像有很多的活動。（她做了些手勢）就像這樣，往上跟往下的動。地球的中間看起來就像個中空的球。球壁上的這些東西都在上下移動。我不知道它們是什麼。它們是把地球連接在一起的東西。——第二批來的人，頭很大、很圓，他們是銀色的。他們有身體，還有延伸物從他們的手臂、腰部和腿部長出來。

朵：延伸物？

琳：你看過東方文化裡某些神祇的雕像和圖畫嗎？祂們有人類的臉孔和身體，還有朝著不同方向的手臂？

朵：我看過一些是有很多手臂。

琳：是啊，沒錯。只不過這些人很小，而且頭又大又圓。我不記得臉了。他們沒有頭髮。他們身上有這些從不同部位長出來的手臂和腿。

朵：那麼這些就是真的附肢了，真的手臂和腿。

琳：對。他們（體型）很小。全身發亮。我不知道是因為他們穿著的關係，還是他們原本就是那樣。全身銀，就一個顏色。

朵：而且他們知道自己的長相很不一樣，不能就這樣在人類面前出現。那會非常嚇人。

琳：對！

朵：你之前的意思是，他們能進到動物裡，或是讓自己看起來就像個動物？

琳：就我了解，他們來到地球，不知怎地進到了動物裡。是進入了牠們的智能或思維，或是怎麼做到的，我並不知道。他們這麼做是為了可以近距離接近人類。

朵：我之前在想，如果有個動物開始對人類說話，不論這是發生在多久之前，都會是非常嚇人的事。可是不是這麼回事？

琳：不是。那是透過心智，或是透過人類的夢來進行的。這些外星生命之所以進入動物裡，是因為這樣他們才能近距離接近人類。我猜這些人類一定都有養寵物，因為我看到這些人睡覺時，那些動物就躺在附近。

朵：你能不能看到最早的那些人的長相？被奴役的那群？

琳：我看到的他們是人類的形式。他們黑黑的。我不知道那是否象徵他們的黑暗面，還是代表智力或成長的低落，或是有其他意義。不過，我看到他們是暗色的。而第一批來到地球的存在體，長得很像人類，但他們是淺膚色。你知道的，在我們的宗教背景，我們被教導亞當和夏娃來到這裡繁衍出地球上所有的人。但我從這裡所了解的並非如此。當時地球上有許多這樣的人（指淺膚色）。然而，當我想像深膚色的那群，浮現的是他們在地面爬行的景象，很卑躬屈膝的感覺。再次地，我不知道這是不是黑暗和光體的同義象徵什麼的。但對我來說，很明顯的，淺膚色的人挺直站立，而一大群深色的人匍匐在下。

朵：深膚色那群一定很敬畏或懼怕另外那些人。我懷疑他們是不是本來就很原始，才會那麼容易被奴役。

琳：從剛剛所說的，我假設，他們沒有什麼知識。而另外那些存在體是來這裡啓蒙並帶引他們到達較為高階的生存層次。因此，我會認為他們非常原始。

朵：那就一定會有很多懼怕和敬畏，而新來的那群就利用這點。不論那些存在體是人類、類人類或什麼的，他們的演進還沒高到能避免權力的誘惑——當地球人類對他們五體投地，他們就陷入了權力的課題。這也顯示，即使那麼先進或進化的一群也是會腐敗的。

琳：他們並不完美，但他們很有知識，我猜這就是他們來的原因：帶來他們的知識。他們看起來就是人類的樣子，而且很莊嚴尊貴。他們非常高大，也相當有自信。我記得我說過，他們假裝是神。

朵：看得出他們為什麼會這麼做。

琳：而那個行星上的光體們，也就是聽故事的那群，他們是非常亮的白光。就像個光點。一團光點。他們讓我想到電影「鬼馬小精靈」裡的卡通鬼造型。只是他們是非常明亮的光芒，而且非常平和、非常快樂，充滿了愛。他們只想分享愛。

琳達表達了她對我們取得資料速度不夠快和不夠多的焦急。她以為只需要幾次催眠就可以了。我提醒她，這麼多的資料無法在一個半小時內就都傾巢而出。由於她說話的速度較慢，時間也因此花得較久。我已習慣了長時間收集資料（有些個案要花上好幾個月），再進行有條理的編排。當然，琳達並沒有這種經驗。我在這些催眠計劃裡的角色就是要有耐心，並試著組織事件的順序。

我們暫停工作，一起用晚餐、稍事休息，並和派西閒聊。天黑後才開始最後一段催眠。我們知道，工作完成勢必很晚了。不過我並不在意，因為我不確定什麼時候才會再來小岩城。我們想在一天之內儘可能完成最大的工作量。我想琳達隔天可以晚起，我也是。

關鍵字再次讓琳達進入了深度的催眠狀態，我們回到了幾個小時前離開的那個場景。巴多繼續說話，彷彿這中間沒有任何間斷。

琳：我站在講台上，面對我的學生們。我正接受他們的提問。

朵：在我們開始答覆問題前，我想先釐清你之前說的事。最早的那群人，也就是當其他人來到地球時，原本就住在這裡的人，你知道他們是從哪裡來的嗎？

琳：他們就在這裡。他們是地球人。

朵：你有被告知這群原有住民的長相嗎？

琳：我想他們和我一樣都是人類。我從沒問過。

朵：好的。那麼我們的故事已經進行到你說的那次地球陸塊分裂的災難，人們遷往安全地帶的時候。上次進行到這裡時，我改變了話題。你現在要不要再回答學生們的問題？

琳：好的。我的學生想知道，為什麼這些人對他們的狀況不滿意？為什麼在過了幾年的平靜日子後，他們要破壞這種安寧？……這個答案讓我很困惑。我被告知他們想體驗一種較高亢性質的情緒狀態。他們厭倦了平靜。他們想要生活裡有刺激。而當遊戲變成了戰爭，這就成了他們宣洩的出口。他們的心變得黑暗。地球上充滿殘殺和痛苦的事。那是他們渴望體驗的情境。

朵：他們厭倦了和平。感到無聊，乏味了。可以這麼說嗎？

琳：與其說無聊，不如說他們的情緒沒有太多宣洩的出口。他們覺得極端作為滿足了他們的情緒需求，提供了他們想親身探索的經驗。他們並不了解當他們允許自己被這些情緒掌控，他們內在的光就在流失。光不會消失，但會變得非常非常黯淡。而這都是因為想要體驗興奮的情緒狀態和傷痛感受的緣故。

朵：你不是說外星人決定不管人類，要讓人類自己去解決問題嗎？

琳：是的。當時的人數並不多，也不會危害到任何外星人。因此，那時候是決定讓他們自己解決。他們若非從這個經驗中成長，就是毀滅。然後這個星球就可以交給其他想過良善美好生活的人。

朵：這段期間外星人是不是一直在觀看人類的歷史？

琳：是的。他們看了也只能對地球上的黑暗行徑詫異地搖頭，感到不解。

朵：他們從哪裡觀看？這一切一定經過了非常漫長的時光。

琳：他們的時間和我們的時間概念非常不同。他們能藉由心智投射來調頻接收地球的畫面，有時候他們也會來到地球實際探訪。不過他們不常這麼做，因為不安全。當時這裡的人很惡劣，動不動就殺人。許多生命被殺害。

朵：為什麼這些外星人這麼關心地球？他們就不能走開，不管地球嗎？

琳：不能，因為宇宙對這個地球有個整體規劃。地球是這個宇宙裡最美的行星。她的美是一個實驗。不幸的是，她不曾進化到當初設計的目的。她是作為情緒和物質╱實體樂趣的實驗。她有許多事物是其他地方沒有的。地球被設計為體驗的星球，讓那些來到這裡的存在體體驗後離開。人們（指其他星球的生命）可以來這裡度假，體驗地球提供的樂趣。體驗這些存在體平常經驗不到的物質層面的樂趣。

朵：你的意思是，在情況變糟前，他們來這裡是為了度假這類的目的？

琳：那是有人居住在地球前的事。然後有些人因為太投入於物質世界的歡樂，他們陷得太深，沒有離開。他們留下來更深入，更進一步地體驗。他們待得愈久，就愈離不開。他們失去了離開的能力。因此當第一批外星人來到地球的時候，他們就已經在這裡了。那批人原本是要來幫助這些困陷在地球實體╱物質特性的生命體，協助他們重獲光明的靈性。結果他們自己也受困於此。

朵：他們原本是要來幫助這些人恢復所遺忘的靈性記憶，但沒有成功。

琳：沒有，因為他們也淪陷了，也陷入了這樣的困境。所以他們也留了下來，並和早先在這裡的那些生命體糾纏在一起。

朵：你提到一開始時這是整體規劃的一部分。你可以就這點說明嗎？

琳：在一開始的時候，這個規劃是個美好的設計與計劃。它是讓靈魂來到地球欣賞她的美麗，體驗物質／地球事物的樂趣，這是為了獎勵他們在其他世界／天體所作的貢獻。原本的用意是一趟短暫的假期，一次愉快的經驗，離開後繼續他們原有的生活。

朵：這就是整體規劃？

琳：是的。就像是表現傑出所獲得的獎賞。

朵：看來這一切都搞砸了，不是嗎？

琳：是的。真令人難過。

這不是我第一次聽到這個說法。在其他個案的回溯催眠中，有人提到地球是個景點，一個度假勝地。在這個世界被人類汙染前，早期有許多來自不同世界和次元的存在體來到這裡度假。據說這是在靈魂被困在地球的物質性之前的事。

朵：還有人提出別的問題嗎？

琳：當洪水氾濫時，陸塊也分裂了。有人想知道這是突然的變化，還是逐漸發生的事。……有些情況發生得非常突然，不過地球的熱化是漸進的。洪水一發生，一切就變得很突然。它造成大規模的破壞，而且來得非常快速。地球上幾乎沒有一處倖免。

大多數住民都喪生了。只有非常少數存活了下來。當時期望人類可因此看清過去所犯的錯，並珍惜現有的平靜安寧。但他們很快就厭倦了。

我對這世上的每個文化都提到洪水傳說的這一點感到好奇。但這次的洪水很可能是發生在非常遠古的時期。地球顯然經歷了好幾回變動，嚴重的洪水氾濫在我們的歷史上並非不尋常的事。聖經和其他文獻所提到的洪水，可能是發生在較晚近的時期。看來這個世界的歷史，真的沒有什麼新鮮事，只是一連串事件的重演。其中有些事件被記載在古代文獻裡，有些可能在我們懂得保存記錄之前就發生了。

朵：還有別的問題嗎？我們這樣探索歷史，收穫很豐富。

琳：「為什麼這些存活的人不離開地球？如果他們已開化到能存活下來？」……答案是，他們並不是開悟的存在體。他們仍是地球人，而且他們並不想離開。除了自己的日常生活，他們對存在的層面一無所知，因此他們並沒意識到自己有選擇。他們不知道他們可以離開。也許他們沒有離開是好的。……問題：「你認為如果他們離開，是不是會汙染了他們去的那些地方？」……這是有可能的，因為他們的動機不如一些人純淨。如果他們前往的地方接受他們的思想模式，他們可能就會影響了那裡的人。無論如何，由於他們的人數非常少，我懷疑真有這可能性。……問題：「什麼時候才決定要派更多光體來地球？」……是到了很多年以後，地球才再次有太空船來訪。這艘船上有很多人，他們並不是要留在地球，而是要指導這裡的人。他們不被允許和地球人混居往來。他們只是要教導人類，刺激他們的思考，促使他們朝光演進。問題……

朵：但首先，這次來到地球的那些人長什麼模樣？你說來了很多。

琳：來了非常多的人。他們在某方面和人類很相像。像到可以被人類接受。他們非常、非常高，有很奇特的腳。

朵：奇特的腳？這是什麼意思？

琳：他們的手腳和我們的不同。他們把手腳遮蓋起來，才不會引人注意。他們隨時都穿著鞋戴著手套，以免驚嚇到任何人。他們的眼睛很大，顏色很深。還有，他們臉上的鼻子只是兩個洞。他們也有嘴，雖然和我們的用途不同。他們不說任何語言，不吃地球的食物，也不喝流質的東西。

朵：那他們以什麼維生？

琳：他們的維生系統對人類的概念而言是完全陌生的。那是光的能量系統，透過連續的光照，促進生長、賦予生命活力並恢復生氣。

朵：你是說，光維持了他們的生命？

琳：是的。沒有光，他們就會死。他們將光帶在太空船上，不時地要在艙房裡休息以恢復活力。他們只需要短時間待在這些房間裡，但時不時這麼做對他們的健康非常重要。

《星辰遺產》（Legacy From the Stars）提過外星人躺在石棺裡接受光浴的類似概念。那也是他們維持生命的唯一來源。他們說光來自源頭（the Source）。

朵：這些外星人到了地球後，都是去同一個地方嗎？

琳：不。他們有——衛星？（似乎對這個字不熟悉）——衛星船隊離開母船，分頭前往有人煙的不同地區。他們定期和母船聯繫，就進展交換意見。

這整段話說得像是在重複一段熟背好或是由別處聽來的資料。好像她對這些內容覺得奇怪且陌生。她就只是在背誦些事實而已。

琳：有些地方的成果比別處理想。有的完全失敗。然而大多數是成功的。他們教導地球人許多事。可以提升地球人物質生活的事情。提升地球人靈性和理性觀點的思想……他們希望種下能夠幫助人類成長的光苗。

朵：他們教導哪些事情幫助改善人類的物質生活？

琳：他們傳授人類農耕知識：栽種的時間、收成的時間，如何種植等等這些人們原本不知道的事。在此之前，人類以狩獵為生，因此殺生是很平常的事。這次的任務是要將人類的注意力由殺生轉移到較為正面的模式，比如栽種和收成——另一種食物和能量的來源。這也會使人們在一個地方定居下來，而不是過遊牧生活。如果人類居有定所，就會有較多的時間思考並發展推理論證的理解能力。他們也教導人類如何使用而不是殺害動物。他們教導人們善待彼此，過著較為和諧的生活。不幸地，人類又把這些老師視為神祇。但這次老師們保持真實，忠於他們當初來到地球協助的目標；他們沒有受困在地球的存在層面。他們來這裡的目的是教導，而當使命完成，他們也一起離開。這個實驗被認為非常成功。地球人獲得了較理想的生活方式，也有了朝這個方向發展的理由。地球人接受教導，並且享有許久以來不曾有過的穩定生活，也因此有機會以人類從沒想過的方法來運用心智。

朵：這些都是很好的事。

琳：是的。這是非常好的計劃。完成後，許多外星人都開心喜悅了好一陣子。

朵：不過你提到有些老師去的地區卻徹底失敗了。

琳：是的，由於那裡的人太耽溺於地球人世的歡樂，他們不能也不願意接受任何幫助，因此就由他們去，隨他們的意願，或演進或死亡。許多人相繼死去。他們由於不聽教導而迷失。

朵：有任何特定的種族因此消失嗎？不再存在於地球上的種族？

琳：這個時候的地球人都是一樣的。要再經過一段時間才有膚色和外貌的差異。這時候他們都很類似，而且人數也不多。

朵：你想繼續回答問題嗎？

琳：問題：「到了什麼時候，地球出現了不同的膚色和不同語言及方言？」……這是發生在地球演化較後期的時候。這和在不同地區的那些「播種」有關。來自宇宙各處的人來到地球。有些留了下來並和地球人通婚。這個過程持續了很久，發展成了我們今天看到的情形。在我（指巴多）這一生，我是到了很久以後才知道除了我所知的皮膚顏色外，還有別的膚色。我在旅行時只看到另外兩種，但我被告知除了我看到的以外，還有更多的顏色。我見過東方人，黃皮膚的種族，我也看過褐色的人種。據説有紅皮膚的種族，我想不出那會是什麼樣子。我聽説有人是黑皮膚，這我倒可以想像。而且我也聽説還有一種我不曾看過的膚色。和我的很像，但還是有差別。它比較白。這種我也沒見過。

朵：你曾被告知地球上曾經有過，但現在已不存在的膚色嗎？

琳：沒有。

朵：可是這些不同的膚色的產生和來自其他世界/星球的生物有關？

琳：是的。這是個緩慢的演化。

朵：我一直以為有些膚色的不同是氣候的冷和熱所造成。所以那不是唯一的因素？

琳：不是。那有可能是後來的因素，但在此之前是由於混種的緣故。我們一度是一樣的。沒有差別。然後我們開始和來自其他世界的人婚配，改變就是由此演化。

朵：當我們都一樣的時候是什麼樣子？

琳：當我們都一樣時，我們的皮膚是褐色的。就是那個顏色。那是非常暖的褐色。

朵：那時候我們有頭髮嗎？

琳：沒有。沒有頭髮。

朵：毛髮是因為混種的緣故？

琳：是的。我們和來自其他行星的人混種，也和某些動物。我們想擁有這些動物的力量，以為和牠們混種就可以得到。這是很糟的想法，因為有許多長相奇怪的生物從這樣的交配中演變出來。這也影響到我們說話和理性思考的能力。因此這樣的行為被禁止，因為這麼做非常非常糟糕。

朵：這麼做並沒有讓人類進化，反而退化了。

琳：是的。他們變得反而比較像動物而不是人類。而我們已經退化得夠多了，因此禁止再和動物有任何進一步的混種。

朵：那時候有沒有哪類動物比較常被用來和人類育種？

琳：有。通常被選中的是非常強壯和高大的動物，因為牠們巨大的身形和體能。

朵：但你說這也製造出一些長相非常怪異的生物。

琳：是的。是這樣的。

朵：那些特性有傳下來嗎？它們並沒有完全消失，是嗎？

琳：沒有。有些消失，但有些能力留下來了。

朵：可是不是正面的特質？

琳：不是。除了地球人確實比以前高大以外。從前他們的身材矮小，混種確實帶來體型上的改變。也使他們的體能前所未有的增強。

朵：但是因為有太多負面的副作用，此後就被禁止這麼做。

琳：是的，那樣做並不好，因為第一批後代並不關心他們的家人或生活。他們追求離群索居和肉體的存活，他們只求生存。

朵：這並不是外星人希望的。

琳：不是。他們心裡的目標是教導地球人在一個比較開明和充滿愛的環境裡彼此和睦相處。這些生物卻很孤僻，除了維持生存的必要互動外，牠們和其他人不相往來。這類生物生下的第二代稍微好一些。至少還參與社群。

朵：這些來自許多地方的外星人到了地球混種繁衍，最後產生了不同的種族。他們是抱著良善的動機來這裡的嗎？

琳：有的是。他們心存善意，帶來技術和生命的觀念。有些是來探索，只是探索而已。他們不是來教導或協助，只是來觀看來瞭解。這一些，不幸地，可能不小心陷入地球的生活方式，他們會很不想離開。

朵：這麼說來，外星人來到地球有不同的理由。他們大都在同一段時間來到這裡是為了什麼原因嗎？

琳：由於第一次的農業實驗很成功，那群外星人也全體一起離開，因此當時認為，如果地球能獲得更多的經驗，進步就會更快速。繁衍計畫已被停止，那時候覺得是再來地球幫助人類達到較高生活形態的時機了。有一些是很真誠地前來執行這項工作。有些因好奇而來。有的則是出於自私的動機。他們前來征服。他們的本性就是戰士。他們的星球非常小，大多數人並不和他們往來，因為他們太過自私。他們和其他人隔離，他們很孤立，而他們認為這是有助他們在宇宙發展的機會。你知道的，有好長一段時間沒有人可以來地球。是到了這個時候，才又被許可。開放後的第一批來自塞拉斯（Syrus）行星。他們就是成功完成使命並且離開的那群。由於他們的成功，當時覺得其他人或許也能幫忙。但事實並非如此。有的幫上忙，有些沒有。

朵：為什麼沒有禁止戰士類型的那些人來地球？

琳：我想他們沒有問過就來了。沒有料到。

朵：我在想，或許有某個團體或某個人專門負責這件事（指管制來地球的事），並且禁止不受歡迎的人來這裡。你知道類似這樣的團體嗎？

琳：是的。它已經存在很久了。不過，當時是覺得地球已經有這麼多的問題，應該沒什麼關係了。他們沒有徵求許可就來了這裡。他們就這麼來了。當他們到了地球，看起來他們只是要加入，融入地球人。而這並不會比當時的情況更糟。

朵：原來如此。我以為也許會有人命令他們離開。

琳：他們除了負面特性外，也是有優點的。他們有高度的智力，但他們的智力被用在錯誤的方向。他們在發展技巧上是很有活力的領導者。

朵：還有人提出其他的問題嗎？

琳：「我想知道，為什麼地球人不能經由愛和提升靈性的教導，過著比較理想和諧的生活？」……答案是，如果他們想的話，他們可以獲得這些教導。但在這個時候，他們只想維持現況。沒有許可不得侵犯他人（的意願）——這是宇宙法則。而這些人對現狀感到滿意，當時並不想有任何改變。……我很難理解如果可以過比較好的生活，為什麼會有人不要？但事情就是這樣。

朵：當外星人把農業和技術帶給人類時，他們不認為那是一種侵犯或干預嗎？

琳：人類把這些當成禮物接受。他們想要這些東西。他們不想要新的人生觀。他們當時只對生活實際面的東西有興趣。

朵：對他們生活有幫助的物質／有形事物？

琳：是的。他們對感覺不到和看不到的東西沒有興趣。因此當時只能期望種下的小火苗能夠成長，即使緩慢，但至少是個開始。覺醒需要很漫長的時間。

我曾經從別的催眠個案得到同樣的資料。這些資料大部份都寫在《地球守護者》。在我剛開始研究時，我認為在地球「播種」的概念相當激進。然而，許多個案都提出了這種說法，而我也始終認為，反覆出現的說法或證詞增加了可信度，因為這些人無從得知我之前接收到哪些資料。

又到了要結束催眠的時候。「我可以再回來請教更多問題，還有旁聽你的課嗎？我和其他人一樣，有太多東西要向你學習。」

琳：是的，你可以的。有時候我對自己知道的這些感到困惑。我只希望我能對你說明清楚，好讓你了解真相。這些年來，已經有許多扭曲和失真，因此我們（指人類）對這些事有很多錯誤的認識。我很高興能澄清，讓你知道這個進展過程。我希望真相能夠大白，所有的人也都能開啓他們內在的光。如此，我們的星球才能演進，並按照最初的設計扮演她的角色。只要我們讓自己拒絕那些不屬光的一切，我們也將成為光體；

有朝一日，那些不屬於我們完美本質的一切都將被演進與提升。回歸到靈魂命定的所在，會是最奇妙的盛事。

接著我引導琳達回到完全清醒的意識狀態，巴多也再次退場。這段催眠結束時已經很晚，幾乎快十點了，琳達顯然很疲倦。在催眠接近尾聲時，她說話的間隔比平常久，幾乎像要睡著了一樣。我有好幾次都必須重複她說過的話來提示她繼續。不過，當聽稿打字完成，這些內容都很前後連貫，也很合理。雖然我們兩人在催眠結束後都很疲累，還是和我的朋友們聊到十一點。我知道隔天和珍妮絲還有同樣的工作，但至少我們在一天內有了許多進展。

我原本打算每個月至少來一次小岩城，繼續挖掘這些故事。然而事情沒能照設想的進行。接下來的幾個月，我都忙於《與諾斯特拉達穆斯對話第二冊》最後階段的編輯和校樣工作。我還有幾個廣播節目，實在無暇做其他安排。等到我們下次見面，已經是好幾個月之後的事了。

第三章　能量裝置

我和琳達直到一九九〇年四月，她和她先生來到我住的地區參加阿肯色州尤里卡泉（Eureka Springs, Arkansas）的「歐札克幽浮研討會」（Ozark UFO Conference）才又碰面。我們希望利用她在這裡的機會，進行至少一次催眠。

當時我事務繁忙，唯一能利用的時間是在研討會結束後和餐會開始前之間的空檔。那次催眠在她住的汽車旅館房間進行，我們知道時間並不夠進行完整的療程。我在錄音機裡裝了一個小時的帶子，心想要盡所能獲得最多的資料。有總比沒有好。進行的時候，我一直注意時間，我知道我們必須要及時結束，整裝參加餐會。我事實上會很願意繼續挖掘這個故事，但我認為琳達已經把想說的都說了，而且並不覺得我在催促她。

她的丈夫約翰，這次催眠時也在場。他看來很支持她，對這件事也很有興趣。約翰後來說，他知道這些資料並不是來自琳達，因為她並沒有那麼聰明。這是帶著沙文主義的玩笑話，但它證明了一點：他很確定琳達不可能捏造出這些內容。在他認為，她沒有這種想像力。

我使用琳達的關鍵字並用數字法引導她回到上次的場景，當時巴多正在對一群光體上課。

琳：我現在在台上對這些光體講課，他們一直在等待我來這裡傳授知識給他們。

她延續上次的場景，好像這只是下一瞬間，而不是好幾個月過後的事。時間彷彿停止，等候著我們回去。

琳：我正在告訴他們地球的歷史。地球在這段漫長時光中如何演進，還有來自許多不同行星和宇宙的人們是如何幫助地球人的進展。

朵：你是在講述歷史上的哪個特定時期嗎？

琳：我才剛對這些光體說完許多老師來到地球，將他們的知識授予人類的那段時期。他們只短暫停留，教導人類農業和建築的技術。

朵：他們主要教導的就是農業和建築？

琳：是的。他們教導如何種植穀物、如何灌溉、收割，何時栽種、何時收成，如何貯藏食物供日後使用。他們教導地球人從不知道的建築技術，這樣地球人就能建造居住的地方和集會見面的場所。

朵：在此之前，人類有的是哪類的建物？

琳：之前的建物是以木頭和動物皮革搭造。他們教導人類如何使用地球資源來造磚，並且使用石頭搭建較為持久，不會被自然力量輕易摧毀的住處。

朵：他們還教導地球人其他的事嗎？

琳：只有非常少數的人被教導如何將自然的力量運用在對人類有益的事上。如何使用太陽、月亮和恆星來利益這個星球。如何運用太陽的能量。

朵：他們怎麼教導地球人使用太陽能量？

琳：他們用特定的裝置來教導。教導如何在白天用這些裝置收集能量，作為日後能量的來源。這個能量可以做許多事。它可以移動物體。可以照明。可以保存東西，比如食物。它有許許多多地球人不知道的用途，這是因為人類並沒有適當的設備來收集並妥善運用。當時只有特定的人選才被允許擁有這些知識，而且他們也發誓保密。這些人被尊奉為祭司或被視為神祇，他們是唯一獲准知道這些事的人。不過，他們可以挑選學生來延續他們的工作。

朵：你能不能描述這個具有這麼多奇妙功能的裝置？

琳：它是用別處的材料所製造，不是來自這個地球。它看起來像一塊青銅，但並不是。它長長的，帶有三角形狀。這個裝置放在地面上，必須在地球和太陽形成某個特定角度時才能操作……當太陽在特定位置的時候。必須是一天當中的特定時間，而且這個裝置必須置放在太陽和地平線之間的一定半徑和角度。

朵：它就只是一塊金屬嗎？

琳：它看起來像是金屬，而且是三角形。它大約五呎長，三呎高，中間是V字形。

朵：你說外星人還教導人類使用來自月球和恆星的力量。這怎麼可能呢？

琳：月球也有很強的能量。人類從不了解這點。它是很被動的能量形態，它和太陽非常活躍和強大的能量截然不同。然而，月球的被動能量和太陽的能量一樣有力。

朵：我們認為它的屬性是寒冷的。

琳：是的。那是種完全不同的能量。所以人類才會認為它是冷的，其實不然。

朵：他們用哪一類裝置來收集月球的能量？

琳：那個裝置會發光、很亮，就像塊玻璃。

朵：你可以看透它嗎？就像看透玻璃一樣？

琳：不能。它是銀色的，而且很亮，被安置在一個弧型的台座上。裝置的中央是凹的，朝各個方向旋轉。它比收集太陽能的裝置大得多，這是因為能量性質的關係。它的直徑有五十呎，高度二十呎。這個裝置非常非常大。

朵：這大概就是為什麼必須要有個台座去轉動它的緣故。

琳：是的。也要許多人才能搬得動。

朵：月球的能量有什麼用途？

琳：月球能量可以用來改變時間對人類形態的影響。它可以用來療癒人體。可以用在許多方面。

朵：它如何改變時間對人體的影響？

琳：當一個人變老，身體系統內的細胞溝通就會故障或損壞。由於這個故障，引發了體內器官的老化，器官機能無法有效運作，也因此嚴重影響身體的重要功能。這項裝置能夠更新細胞結構，讓細胞就像年輕時一樣正常運作。只有那些被選上的人才能知道這門知識，他們被給予這項知識，也因此他們才能擁有比較長的壽命在地球上指導一般人。

朵：能量不只要被引導，也要儲存起來，不是嗎？

琳：是的。能量被儲存在隱秘的地點。民眾被告知這些地方是神祇的殿堂，他們讓一般人心生畏懼，不敢去一探究竟，他們也才不會被干擾。一般民眾是不被允許進入這些地方的。

朵：那麼太陽和月球的能量都是被貯放在這類場所？

琳：是的。放在不同的密室，因為太陽的能量會破壞月球的能量。

朵：你也提到他們使用來自恆星的能量。這是怎麼辦到的？

琳：他們捕捉來自特定星系的微光。

朵：恆星是那麼遙遠。他們怎麼做到的？恆星不會有什麼強大的能量啊！

琳：不，與其說能量，不如說是和天上星辰的位置有關。他們測繪星空並做記錄，學習更多與預言有關的知識。這和事物的靈性面比較相關。

朵：那就不是和來自星辰的能量有關了，而是研究星辰？

琳：研究天上星辰做出預測（有困難找到合適的字彙）……對其他時期和……我不懂……。其他的……預言的推測。預言。我很困惑。

朵：那是你不熟悉的事？你是這個意思嗎？你不懂？

琳：是的。……星星在天空的位置提供了他們關於預言的資料……將來會發生的事。

很明顯地，她是想描述占星學，但顯然這個存在體巴多並沒有字彙可以表示，或是不懂這個概念。這又是個顯示我們使用的是巴多，而非琳達心智的例子。

朵：如果人類被給予這麼多奇妙的事物，幫助他們生活得更好，看來那是段非常美好的時期。後來呢？發生了什麼事？

琳：有段時期是很棒。這些祭司明智地使用他們的知識。他們幫助同胞進步。他們很仁慈。他們療癒人們受傷的身體。他們保護人們，教導民眾很多事。然後，就像以前曾經發生過許多次一樣，負面事物出現而且有如野草叢生，最後扼殺了「小麥」或穀物的生長（意指負面事物造成危害）。於是這些東西都遺失了。

朵：負面情況是逐漸，還是突然間發生的？

琳：是逐漸的惡化。

朵：因此導致這些知識的遺失？

琳：是的。這些給予地球人作為禮物的奇妙事物遭到破壞，因為一般民眾為了想擁有太陽的能量而暴動。人們發現了能量就儲存在他們以為的神祇聖殿裡。他們想讓大家都能擁有。他們以為有了這個能量就會有力量。因此他們召集了一大群人以武力突襲神殿並且屠殺祭司。群眾進入神殿之後，因為沒有這方面的知識，他們無法正確操作能量。能量因此被毀壞。神殿發生爆炸和火災，加上民眾大規模的破壞，這些都造成非常嚴重的損害。能量就這麼失去了。

朵：這也毀掉了來自月球的能量，是嗎？

琳：是的。月球的能量並不會爆炸。不過，它因為就存放在附近，也因此連帶被破壞。

朵：原本的那些裝置也被毀掉了嗎？

琳：是的，因為裝置就存放在這個地方。

朵：當初帶來這些知識的外星人，難道不能回來地球再教導人類？

琳：不能，因為他們已經離開地球很久了，好幾百年了。他們已經回到家。他們不知道發生的事。

朵：看來那群外星人是善意而且正面的一群。他們想帶給人類可用的知識。

琳：是的。當他們發現後非常難過，不過那時已經離事發很久。當時的決定是不再提供新裝置。

朵：但地球的那群人裡一定有生還者。

琳：是的，他們住在偏遠地區，並沒有參與圍攻神殿。他們離動亂中心很遠。他們若不是很老，就是很小，而且他們以為是神殿裡的神祇發怒才引起這場浩劫。因此他們並不知道事情的真相。

朵：我可以想像，從此他們的生活就不一樣了。

琳：是的，的確如此，因為他們只能仰賴僅有的一點點知識。他們只能憑記憶來栽種。他們沒有了祭司的指導。無論如何，他們熬過來了。他們運用所擁有的稀少資源，表現得非常好。

朵：他們大概再也無法回到那個擁有動力和能源來幫助他們的時候了。

琳：沒錯。那是非常嚴重，非常主要的倒退。人類失去了許多東西；許多技術和祕密。

朵：那些生還者回復到原始的生活方式嗎？

琳：是的。不過他們還是繼續蓋房子、種植農作物，他們也繼續和其他人交易，就像之前一樣。

朵：那麼他們還記得怎麼用岩塊和石頭來建造房子。

琳：是的。不過，他們沒有以前的裝置來移動石頭了。必須完全用人工。他們沒有可以搬動石頭的能量。

朵：太陽的能量是用來搬動石頭就定位嗎？

琳：是的。

朵：這一部分有使用到「飄浮術」嗎（levitation）？你知道我的意思嗎？

琳：是的，我想你可以這麼說。這個能量進入石頭或進入要搬動的不管什麼東西裡，然後能量就像磁鐵一樣，把那個物體牽引到計算好的位置。當它抵達定位後，能量被釋放，它就被置放在那裡了。

朵：所以在能量來源被摧毀後，這些工作都必須靠人力來完成。

琳：對。因為他們並不知道之前是怎麼辦到的。

朵：他們記得部分的知識，但是不夠。……從這些事可以學到許多課題。

琳：是的，有許多事要知道。有些讓人非常非常難過。

我引導琳達回到清醒狀態。這段催眠無法像平常的療程一樣久，因為我們必須要準備參加餐會，而且時間緊迫。

當琳達醒來後，她把她認知裡的裝置畫了下來。在接收太陽能的設備方面，她拿了一張紙對折來表示三角形的角度。

後來我忙於《與諾斯特拉達穆斯對話第二冊》的最後編輯和校對工作，直到一九九〇年六月，才有機會再和琳達合作。

一九九〇年六月，我開車前往小岩城參加作家大會，儘管當時我的行程都排滿了，我還是打算和琳達及珍妮絲進行催眠。結果我只得空和琳達進行了一次。

我使用關鍵字，以數字法引導她回到巴多對光體講課的時空。

琳：這些光體圍在我身邊。他們不斷提出問題。……有好多事要知道，我們對於能夠吸收、保護這些知識，並在適當時機提供給其他人感到非常興奮。能夠獲選擔任這項工作，我們覺得深受祝福。很多人不停地在說話，我必須讓每個人都安靜下來才能繼續。（停頓）好，我讓大家靜下來了，我們準備好了，可以繼續這個任務了。

朵：你可以為我重複他們的問題嗎？

琳：有好多問題，而且大家都同時發言。我們要從引發這次騷動的話題繼續。這和接收的太陽及月球能源有關。（這中間已經過了兩個月，然而他們還是非常平順地由上次的情況銜接下去。）就是這個引起騷動。因為在這個宇宙有許多的太陽和月球，它們都具有這種動力和能量。對很多行星的住民來說，他們可以利用這個能量；就像地球一樣，將能量使用在對人類有益的地方，以及星際的航行。

朵：你的意思是它可以作為（飛行）動力的來源？

琳：是的。它有許多用途。不只是作為推動的燃料以及動力和能量的來源，它還有其他多種用途。居住在特定行星或地區的生命，也能因此獲得靈性的成長。它具有療癒的潛能，透過這種療癒可以帶來靈性成長和知識。由於這很令人振奮，才會引起這場騷動。

朵：他們從沒聽說過那種能量嗎？

琳：有些有，但大多數不曾聽過。他們想過（這種事的可能性），但並不確定。對某些人來說，這是個確認。

朵：當然了，問題會是在於如何利用這個能量，使它發揮效能。

琳：沒錯，不過那不是很困難的程序。作法很簡單，但不是很多人知道，因為太簡單了。那是一個放大、吸收能量的過程，來自「源頭」的能量被收集並且放大十倍，然後被吸收到一個聚集的裝置裡，在適當的時候加以分配。放大的步驟是這整個程序裡最重要的部分。要能了解並且正確處理這個過程，程序才會有效。除非放大的作法執行正確，要不，收集和分送能量的作業就無法完成。許多人就是在這裡失敗。他們很努力地嘗試，卻在（這個程序）最簡單的面向上出錯。

朵：這個簡單面向是什麼？

琳：這個簡單面向不是裝置的大小，而是用來放大能量的材料品質。這個材料在宇宙並不普遍，只在某些星球上才有。地球就是擁有這種物質的星球之一。這是為什麼雖然地球人很原始，但和地球人達成宇宙協定對於需要這種材料的外星人來說這麼重要。外星人曾經多次試圖幫助人類演進到具有較高的理解力，但也同樣失敗了很多次。

朵：他們達成哪類的協定？

琳：他們有好幾次和地球人協議好，銀河間的飛航可以來到地球進行原料交易。但由於地球人好鬥的天性，交易時不時會受到干擾。東西被摧毀，大家只好離開，然後就必須再協商新的約定。大多時候，這些協商是和地球上特定區域的領導人議定。有時候也和掌控特定地區（指有礦藏之地）的平民。

朵：我想協定通常都會談到交換的條件。

琳：是的。

朵：地球人得到什麼回報？

琳：地球人得到了他們從不知道的技術，或是在還處於非常原始階段的技術發展上獲得協助。在這些協定裡，外星人提供人類當時正在發展的事物的資料。這使得人類進展大幅加快，而且更多知識也能實際被運用。

朵：外星人這麼迫切需要的原料是什麼？

琳：那是在地表下發現的礦物。它是一種很細的粉狀物質，採集後加壓就會形成薄片。在放大過程中需要用到這種薄片，由於它們一被使用，很快就會濾出能量，因此必須持續更換。地球上很多地方都擁有豐富的藏量。使用正確工具很容易就能取得。

朵：這麼說它非常普通。這種粉狀物質是什麼顏色？

琳：灰色的，不同深淺的灰。有時候會被誤認為泥土，不過它非常細，幾乎是粉末狀。

朵：你說這種薄片是經過加壓製成。粉狀物轉變成薄片的過程中需不需要加熱，還是要配合其他的步驟？

琳：不用，只要巨大的壓力就好。在壓力艙下，由於壓力的強度，溫度變得非常高，不需要再加熱。只要加壓就能產生熱。

朵：然後它就形成了薄片？

琳：是的，非常細，非常柔軟的薄片。

朵：接著它被使用在放大能量的程序上。（是的。）然後你說能量被吸收到一間聚集室裡？

琳：沒錯。

朵：你提到作為推進燃料是它的用途之一。如果它是被使用在飛行工具，是不是就必須放在太空船上？

琳：是的。在船艙裡有個區域就是作為收集能量的地方。那裡儲存了大量能量供長途飛航。它所需的空間不大，因為這個能量非常強大，而且可以維持很長的時間。

朵：所以這些能量不必補充就能長時間的使用，並且進行遠距航行？

琳：是的，可用上許多許多年。

朵：然後太空船最終還是要回到能量的來源地去補充（能量）？

琳：是的。不過他們現在正在研發攜帶式的裝置，透過太空船上的這些薄片，從不同的太陽和月球收集能量。目前還不是很成功，因為薄片非常……（停頓很久）我想這個字是「易碎」。而且它們必須以特定方式保存，溫度也要控制好。如果作法上有嚴重偏失，薄片就無法濾出能量，放大（能量）的功能也就被破壞。這些薄片不必太早製造，因為會喪失效能。用來製造薄片的粉狀物質則可以長期儲存而不影響其效用。但一旦被製成薄片，它就必須在短期內使用。

朵：這種薄片在天然的狀況下，比如在地球上，會不會比較穩定？

琳：不會，問題還是一樣。粉狀物可以長時期儲存。一旦加壓形成了薄片，就必須盡快使用。

朵：人類或是任何外星生物處理這種物質的時候，會不會有危險？

琳：不會。

朵：所以這是十分安全的成分或元素了？

琳：是的。它會是你們所說的「惰性」（inert）。原先沒什麼特性，經過了加壓程序才被啓動／活化。

朵：所以當初那些外星人和地球人談協定，為的就是這個。

琳：是的。要不就會任地球自行發展了。因為地球人捉摸不定，難以預料，對許多來自其他星球的訪客來說，他們的耐性受到很大的測試。

朵：只有一個外星族群知道怎麼使用這個元素作為動力來源嗎？

琳：不，很多外星人都知道，而且他們時不時會來訪。然而，他們都受到「議會」的管轄。議會是由來自各個地方（指不同星球）的代表所組成。他們決議誰可以來地球，可以提供什麼給地球，以及可以從地球取走的東西。這些都是在跟地球人展開接觸前就決定好了的。沒有議會的許可，誰都不能來。

朵：我以前也聽過這個議會，我一直很好奇它是在哪裡。你有這個資料嗎？

琳：這個議會所在的位置，除了委員外，沒有任何人可以進入。而且委員一定是受到同儕高度推崇的存有。沒有人知道那裡的精確位置。

朵：但那是個具象／物質性的地方嗎？

琳：不是，那不是個具象的地方。它是在另一個層面，而且只有進化層次夠高的存在體才能到那兒。

朵：所以他們（指議會）同意來地球取原料，並提供地球人知識作為交換。

琳：沒錯。

朵：我猜想，除了來這裡取得這種原料外，也有一些是為了其他目的前來，這樣的假設正確嗎？

琳：是的。有些是來瞭解我們。他們前來觀察我們的生活方式。有些是試圖教導我們成為更和平的人。他們來這裡的原因很多，不只是交易的目的。有的純粹是因為好奇，不過這種例子並不常見，因為若單是好奇，是不會被允許進入地球大氣層的。

朵：所以他們必須有個目標。

琳：沒錯。

朵：有任何一群是因為負面目的而來嗎？

琳：這不常見，因為議會非常明智，他們不會允許。地球許多世代以來，已經有太多的負面事例。不過，有時候來到地球的訪客會被這裡的負面氛圍影響，而以一種讓他們看起來好像是負面的方式反應。當離開了地球的環境，他們不是這樣的。

朵：所以這（指使用這種原料）是聚集能量，製造船艇推動力的一種方法。不是還有別的方式嗎？

琳：有很多使用能量作為船艇推進力的方法，這只是其中一種。雖然這個方法使得原料採集變得更為重要，但它對大多數星球的環境比較無害。這個方法效益強大，而且能量便於儲存在小空間裡，因此很受歡迎。

朵：那麼有其他作法是會對環境有害或造成危險的？

琳：沒錯，從你居住的地球現況就可以知道了。你現在這個時代的作法就是如此，而當人們對其他可行方法有了更多了解後，許多目前你們採用的能源方式就不會再在地球上使用。不過，這需要意識的覺醒。很多人並不想要這種改變。

朵：這些外星人曾經使用過這類比較危險的動力嗎？

琳：沒有，不是你說的那種動力。核能被研究過，但從來沒被使用。它因為會對銀河星系造成嚴重汙染而被摒除。它的揮發性高，不穩定，並不是好能源。

朵：所以他們發現了比較安全的方法……我在想，如果這個原料是那麼罕見，在其他星球很難找到，說不定他們已經發展出對他們比較方便的其他作法。

琳：確實如此。他們已經發現其他可以取得這種原料的行星。不過，地球比別的產地都近，所以才會一直來這裡。要不，也不會來了。來這裡是因為比較方便。

朵：如果一般人懂得這個程序或方法，他們也能發展這種能源嗎？

琳：是的。這個方法曾經給過一些人，但不是很能被接受，因為有許多人從別的作法獲得經濟上的利益。而那些別的作法，對地球人來說，似乎是比較理想的來源。他們認為那個方法在地球的時間更久。但事實並非如此。地球曾經多次使用其他的能量來源，但這些相關知識也失落了很多次。

朵：我以為也許是作法太過簡單，他們不相信會有用。

琳：這只是部分原因，但真正的原因還要更深入。這和權力及貪婪有關。……我的學生提出了一個問題。他們想知道當初來地球的訪客是怎麼發現這個原料的。……我告訴他們，星艦船隊再次來到地球，意外地發現了這種他們一直當作能源的礦藏。這個發現出乎他們意料，他們非常興奮，因為一直以來他們遠航到其他星系，為的就是採集這種礦物。他們這次出航地球的目的是要把醫療知識提供給這裡的醫生——他們使用的醫療方式非常古老，害死了許多人。這些外星人前來教導醫生有關人類生理—生物學構造的基本知識。為了讓這個星球的生命能夠繼續發展，這項行動非常必要。當時的地球出現嚴重瘟疫，每天都有許多人死亡。人類正在決定要如何處理這些屍體。就是在這段期間，他們挖掘大規模的墓穴，因而發現了這種礦物。

朵：是外星人還是地球人發現的？

琳：地球人。當時外星人是在觀察情況的發展。他們從不介入人類的日常生活。他們只是觀察，並且提供人類學習外星人技術的不同途徑或管道。

朵：可是，如果他們不介入，他們如何將訊息提供給人類，給醫生？

琳：透過心靈感應。醫生們以為那是他們自己的發現。……他們有必要知道疾病是如何在人群間傳染，以及病菌如何在血液裡生存。血液對人體的生命力非常重要。

朵：那麼當時的人類，這些醫生，他們並不知道疾病是如何傳染的？

琳：不知道，他們並不知道人體內血流的重要性和必要。人體內的血液是維持人類生命力的要素。而且他們的衛生措施也沒做好。

朵：在那段時期他們也不知道細菌這回事，是嗎？

琳：不知道。這就是當時外星人試著要傳遞給他們的知識——關於細菌和血液流出體外的事。

朵：流出體外？

琳：他們並不止血。他們不知道那是必要的。因此如果有人受傷而且大量失血，他們也不去止血。他們不知道身體內維持一定的血量是生存的必要條件。這是當時他們犯的錯誤之一。而且缺乏清潔造成了細菌感染，使得細菌侵入體內和血液裡。那時候並沒有消毒、清洗傷口和保持清潔的概念。他們對藥品也一無所知。所以第一步就是要教導他們用水徹底清潔自己，做好清潔工作，並且保持環境的乾淨。

朵：外星人是將這個知識傳遞給一位醫生還是……？

琳：傳遞給許多位。這個知識的種子是透過心智播灑，從一個心智散播到另一個心智。大多數醫生以為那是他們自己的想法。透過這種方式，他們不會覺得這個知識是來自他人。他們認為是自己想到的。

朵：我在想，如果他們只給了一個人，那個人可能會害怕，或是被別人認為不太尋常。

琳：不是的。他們給了許多人。然後當醫生們交換意見時，大家都同意這是個好主意。

朵：可是，那些外星人不認為這樣是干預嗎？

琳：不會。他們把它當作禮物來給予，而且這要看對方接不接受。這不被認為是干預或介入，因為人們可以拒絕。總要做些事。許多人都奄奄一息了。

朵：這場瘟疫是發生在外星人決定提供人類這個（醫學）知識的同時嗎？

琳：外星人來的時候，地球正發生瘟疫。這是為什麼他們會來的原因。許多人性命垂危。當時擔心地球生命的均勢受到影響，到最後人類將會從這個星球絕跡。這樣的狀況並不希望發生。這群外星人是因此被派來進行這項任務。由於他們成功達成使命，這次能發現比以往所知更為理想的能源，就成了他們的禮物。

朵：那麼當時他們並不是使用這種原料了？

琳：他們曾對這種物質做過實驗。但在他們的區域並沒有這種原料，他們必須遠航才能取得。由於取得不易，這個想法就被放棄。

朵：他們當時是使用哪類型的能源？

琳：他們使用光。這是很好的能源。不過，也會有缺乏光源和耗盡的時候。

朵：光是從哪裡來的？

琳：光被收集在薄片裡。（說得很慢，好似有困難理解眼前看到的東西。）在控制板上。薄片上。不過，有時候他們航行的地方並沒有光源可以更新控制板上的能量。因此動力耗盡後，就必須靠別的太空船救援。

朵：最初的光源是來自哪裡？

琳：來自很多不同星系的太陽。

朵：但如果他們在太空中航行，離這些太陽就會非常遙遠。

琳：是的。就是這個缺點。（說得很慢，似乎在研究某個東西。）有一些板子有放大鏡片，可以接收來自非常遠距外的太陽所發出的光芒。但這要非常大的機器才行，而在太空船上安裝這種裝置並不可行。因此他們就只有控制板能提供能量，他們無法航行到非常遠距外的地方，免得燃料耗盡。

朵：水晶動能呢？他們試驗過嗎？

琳：沒有。在這個時候他們還沒想到要探索那個可能性。他們在尋找別的能源系統，因為當他們遠航時，若是超出光源範圍就不妙了。

朵：所以說這個新原料具有大幅放大的特性。這樣說正確嗎？

琳：不，原料本身不具有這些特性。不過，他們能夠使用他們已經具有的放大技能來進行轉化。透過他們的系統轉化這些細小顆粒是很簡單的步驟，然後再儲存在小型容器裡，因此，只需要最少量的「包裝」，他們就能航行遙遠的距離。

朵：這個動力來源還是光嗎？

琳：是的。光是必要且被使用的元素。而這些小顆粒的用途是在於儲存。這是他們整個能量系統所欠缺的特性。這些小顆粒讓他們能夠把能量存放在非常小的容器裡。在此之前，為了驅動太空船，他們必須在船上放置非常大的控制板。這個原料革新了他們的整個能量系統，他們還發現了不同的用途。不單是使用在太空船上，還有很多不同的運用。最初，他們就是直接從地球取走原料，然而隨著時間演變，他們必須透過協商取得。由於他們的採集行動被人類發現，因此必須用東西來交換。在此之前，有很長一段時間是不必以物易物的。起先被發現時，他們只是轉移陣地，到當時還沒有人煙的地區。但是隨著地球人口的增加，能夠取得這種礦物的地方，幾乎都已有人類居住。他們因此和地球各處的幾個政府協商，而不只是一個地方。他們害怕採集原料的行為被禁止，所以在不同的地區都訂了協議。

朵：我們可以回到你剛才提到的那段歷史嗎？你說他們和人類協定以獲得原料。他們會提供某些技術，一些對當時的人類很實用的生活知識作為回報。

琳：沒錯。

朵：那麼是在什麼情況下協定會被破壞？

琳：當人類粗暴的本性被權力和貪婪掌控的時候，有好幾回協定就被破壞；當人類想將這個技術用在戰爭和破壞的用途，而不是幫助人類同胞時。每當這種情況發生，人類就會企圖征服來到這裡的外星人。而一旦出現這個情形，這些外星訪客就會離開一段時間。他們會等到新一代的人類演進，再來建立新的協定。

朵：所以地球人會把給予他們的技術——不論這技術的目的或它可帶來的幫助是什麼——用在爭鬥或戰事上。你是這個意思嗎？

琳：是的。這個情形發生過許多次了。許多次了。

朵：沒想到他們會這樣對待幫助他們的外星人。

琳：他們以為擁有了這個動力來源就可以控制這些帶給他們技術的恩人，並對其予取予求。他們覺得自己手上握有這些外星人唯一的能量來源。不過他們錯了，因為地球上還有很多地方都有這種礦藏。

朵：所以這些外星人就會撤離？

琳：是的。他們會離開。而且有很多回，外星人會視錯誤的狀況進行善後——移除或是摧毀他們帶來的所有技術，以免被人類使用在負面的用途。地球人的生活因此倒退。在地球歷史上，這樣的事已經發生過許多次了。就好像人類一演進到一個較高的狀態，就會被權力和貪婪蒙蔽；他們忘記了所學的課題。於是知識被摧毀，人類的生活又大幅度倒退。

當巴多來到這群發光的小光體的世界時，他顯然已經超越了我們對時間的概念，或者該說，時間在那裡並不存在。個案最初是由巴多的心智提供資料，也就是他那位奇怪的朋友傳授給他的知識。隨著敘述的進展，他開始獲得有關未來的資訊（對現代能源使用的了解），而這些是巴多不曾接觸到的。他事實上已經超越了時間，來到一個過去、現在和未來合而為一的地方。這是我唯一能解釋他可以取得和我們目前這個時代相關資訊的方法。巴多的心智（連同琳達的心智），已經擴展到可以取得並消化複雜觀念及相關事實的能力。

可是，教導這群小光體的目的何在？他們在我們這個時代會扮演什麼角色？

琳：人類一直無法由過去的錯誤行為裡學到足夠的教訓，因此演進到一定的程度就無法突破。歷經了許多世代，這一直是這個星球非常嚴重的問題。這些光體希望有天能幫助地球人的演進，幫助他們跨越這個間隙。一旦地球人的進展躍過了這個缺口，他們在演化的路上就會繼續往前邁進。這個特定的障礙讓人類一再重犯過去的錯誤，持續地造成嚴重的倒退。這是我們現在在此和光體見面的原因：找出方法關上這個缺口，人類才能在他們的演化裡躍進。我們正在協助這件事。今天在這裡的每一個存在體都想幫忙一舉彌平這個斷層，這樣人類才會演進到一直等候著他們的計畫。人類的無知使得他們無法憑藉自己的力量終止這個情況。

朵：他們要如何幫助我們？

琳：許多許多的存有很快會被派到這裡，從日常生活著手。他們會用微妙的方法來啓發，他們會傳遞愛的訊息，讓缺口從此彌合。許多存有不會選擇待在地球。但是那些選擇留下來的將會非常努力，也會獲得許多美好的回報。

朵：你的意思是這些小能量體會來到地球幫忙？

琳：是的。

朵：他們要怎麼做？他們會維持光的能量形態嗎？

琳：有些會維持他們原有的形態。有些會進入許多地球人的身體。一個光體可以同時進入十個人類軀體。然後啓發他們，協助意識的改變，使思想和靈性成長到目前無法企及的程度。

朵：這些光體會進入已經有靈魂在裡面的身體嗎？

琳：是的。但他們並不會違背任何自然律，也不會接管身體。他們只會是那個點亮的光，使人類能夠成長的那一點光芒。

朵：我以為你是說他們會以靈魂進入人體，從小嬰兒開始他們在地球的一生。

琳：不，不。這不可能。這些光體十分輕盈，而且非常進化，他們沒有必要以肉體的形態存在。這不是他們存在／被設計出來的目的。他們超越了你們所知的概念。他們不是你們所認為的靈魂。他們是光體，演化自一位創造萬物的神。「源頭」。

朵：但我們的靈魂也是來自那裡啊。

琳：是的，沒錯。無論如何，有許許多多不同的源頭都是來自「一」，它們都是為了不同目的而各有不同的設計。然而它們都是同樣的，都是系出同源的一部分，都是「一」的一部分。

朵：不過，如果他們進入人類軀體一小段時間——你說光體不會占據或接管，而是要幫忙——宇宙法則容許這麼做嗎？我在想的是，靈魂是肉體的監護者。別的東西可以獲准進入嗎？

琳：是的。只要事先獲得同意就可以進入。這些光體非常純潔，他們不會把自己的意志強加在他人身上。會有許多靈魂急切地等待他們的協助。

朵：雙方是在意識層面上同意的嗎？

琳：不是。是在另一個層面。

朵：所以這個個體在意識上並不會知道是怎麼回事？

琳：沒錯。在意識層次上，他們知道有些東西在改變。然而，他們不知道到底是什麼。當他們在意識狀態下接受了改變，並允許演進發生，他們就會找到答案，也會了解我現在告訴你的事。他們最初只會覺得思考模式有了變化。他們會納悶。不過他們會有強烈的感受，覺得必須改變，即使不了解原因或方法。

朵：但這樣的情形並不會發生在每個人身上。

琳：不會。只會發生在某些人身上，而他們會影響和引導其他人採取他們的思考方式。有些人會選擇不同的作法。有些人不願意改變；他們會強烈反抗並引起許多痛苦和困擾。但這些持否定態度的人比起多數想轉變的終究是少數。他們將不得不「離開」，因為他們在這個環境裡會很不快樂。

朵：這些人大概也不會同意讓光體進入。

琳：不會。我想澄清一點，這些光體絕不會干預人類身體或靈魂，或是個體這一生的目的。光體是為了引發特定的成長，他們不是來改變已被同意或已然確立的任何事。

朵：那麼做就會是侵犯個體的自由意志。

琳：沒錯。他們只是火花，好讓人類從此跨越演化的斷層，讓一再倒退回原始方式的情況能夠停止。

朵：這就是他們以靈體形式前來的原因嗎？因為物質形態的存在體沒能達成目標？

琳：沒錯。

朵：其他的存在體試了許多不同的方法，而就如你說的，有時候他們陷入了地球的物質性裡。他們在很多方面也失敗了。

琳：是的，而這就是這些光體被創造的原因。

朵：用不同的方法來執行這項任務。

琳：是的。這就是這些存在體的目的。

朵：這是為什麼巴多必須教導他們地球歷史的原因嗎？

琳：是的。他們必須知道這種事已經發生過許多次。他們必須徹底了解人性，才不會有任何侵犯或踰越之處。最終，人類必須為自己實現這項目標。

朵：當光體進入的時候，那個個體的心靈在當下是不是必須比較開放才行？

琳：是的。

朵：有什麼特定方法可以做到這點嗎？我是想到人類的潛意識天生就有防衛機制。

琳：有。這會是非常簡單的轉變或過渡的過程。只要有成長的渴望就可以了。這不是靈魂置換，不是接管，而是一種交融、融合，一種增益，一種聯合。增加的是一種提升的元素，而不是削弱或縮減。

朵：如果其他方法都沒用，那這麼做是有道理。有沒有其他的靈體或外星人現在正計畫來地球協助這一切？

琳：目前是觀望階段。議會希望，一旦地球人演進後，或許可以和許多地方往來交流。而且交易網絡會是公開而非隱祕的政策。地球可以成為一個較為公開探訪的地方。

當我在研究初期收到這個資料時，我認為內容複雜而且難以理解。但經過這麼些年，我在世界各地進行的其他催眠療程裡，許多個案也證實了這個說法。

第二篇——《監護人》續篇——外星情報員

第四章　省略的珍妮絲催眠紀錄

當我在撰寫《監護人》時，我的重點放在我對幽浮和疑似被幽浮綁架案例的探討。書裡說明了我（一如大多數的調查者）是如何從單純的目擊幽浮、幽浮降落，以及被外星人綁架等事件開始研究，並記錄了這些由簡至繁的工作進展。《監護人》最後的部分是我從一九八〇年代後期到一九九〇年代初，與一位住在阿肯色州小岩城的年輕女士合作的成果。她提供了大量的珍貴資料，我因此發現，外星人不只來自其他行星和銀河，也來自別的次元。這些透過外星人傳遞給我的觀念很能挑戰和啟發心智，因為它們從不曾被他人報導或發表。

當我和珍妮絲合作時，出現了一個奇怪現象。在她進入了催眠最深度的出神狀態（夢遊層級）之後，她的人格會消失，別的存在體——通常是將她帶到太空船上的外星人——會透過她發言。我和其他催眠對象合作時也發生過這種奇怪現象，彷彿我和這些外星生命已經建立了某種直接溝通的管道。來自珍妮絲的資料非常豐富，它佔了《監護人》絕大部分的篇幅。這些外星人透過珍妮絲回答我的問題，並對各類主題提供資料。

我考慮到《監護人》的內容越來越龐大，我知道必須刪減一些才行。我發現在部分的催眠裡，珍妮絲已經偏離幽浮和太空船的主題，她涉入嶄新的領域，探觸到更為複雜的形上學概念。我們不再只是和操作太空船、執行多項地球實驗計畫的外星生物溝通。我們似乎和更先進的存有取得了接觸；外星人熟悉他們，但我們對這些存有卻很陌生。我後來決定將這部分從書中刪除，這樣就能忠於最初的構想，重點仍放在我對外星人的研究上。

這許多年來，我從平常的回溯催眠累積了許多資料，這些資料涉及了我不熟悉的超自然現象領域。為了忠於當時的寫作主題，我並沒有將這些觀念放在書裡。我也知道，不能只因為我不瞭解就把資料毀掉。我把它們放在一邊，心裡清楚在未來的某個時候，當我的理解力提升了，我就能明瞭它們的價值與意義。

我不知道一般大眾是否會有瞭解部分訊息的一天，也不知道那會是什麼時候。因此，我決定寫另一本書，專門處理這些內容，並希望會有讀者樂於擴展他們的心智。這些資料確實拓展了我的智識，並影響和重組了我的思考模式。然而，每當我沾沾自喜地以為擁有了全部資料，也發展出一套瞭解宇宙運作的想法時，「他們」就會狡黠地提供一些擴張原有概念的資訊，促使我的心智朝另一個方向探索。「他們」總是小心翼翼地一次灌輸一點，我才不致被「嚇跑」，也才能消化下一口誘人的「佳餚」。我是可以拒絕，說我不想信念受到挑戰；說我滿意自己的理論，不想思考的軌跡被顛覆或打亂，但是我對那些資料實在是太好奇了。我想知道在這刺激有趣的旅程裡，下一個轉彎有些什麼。就算我不能瞭解，或許有別人可以。因此，我的探索是為了那些喜歡挑戰心智的人；我的書是為了讓人們思考而寫。

我和珍妮絲的合作是在八〇年代後期到九〇年代初，那正是我投注大量時間撰寫諾斯特拉達穆斯資料的時候。一九八六年，我獲邀擔任阿肯色州的幽浮調查員，初次接觸這個迷人的主題。這些內容都寫在《監護人》裡。當時我從阿肯色州西北部的山區住家開車前往小岩城和兩位女士合作，她們都是極佳的催眠對象，也提供了很棒的資料。由於開車要四小時，每回我去那裡都會儘可能多安排幾次催眠療程。

我住在朋友派西家，她讓我使用樓上的臥室，不受干擾地工作。珍妮絲來此和我碰面時，我們都試著在一天裡進行好幾段催眠。其中一趟行程，我們進行了三段，直到很晚才結束。我們兩人都覺得這樣的安排不太能負荷。此後，我們儘量在不讓任何一方過於疲累的狀況下，順其自然地進行。

一九九〇年的一次行程，我們想探索珍妮絲一個月前所經歷的另一次時間消失事件。當時她和很多朋友受邀到小岩城外的友人家參加一場晚餐聚會。她出發前先打了電話給友人，確認不需順道帶任何東西後，便開車上高速公路。抵達時，她的朋友很火大；宴會已經結束，客人正紛紛離去。她的朋友說：「至少你可以打個電話告訴我，你會遲到啊！」珍妮絲完全不明白友人為何如此反應，直到她發現從她出發到抵達朋友家，這中間已經莫名過了四個小時。

這和《監護人》裡提到的辦公室午餐事件很類似，那次也有好幾個小時在她「不知道」的狀況下流逝。這個情形對珍妮絲的社交生活明顯造成了困擾。到了最後，她只好避免社交聚會，免得陷入要向朋友們解釋這類怪事的窘境。由於她自己完全無法解釋，情況更是尷尬。直到我們在一九八九年合作，才發現她原來是在高速公路上連人帶車被幽浮帶走。事件之後，她會被放回公路，雖然感到困惑，但她並沒意識到好一段時間已憑空消失。

我們從催眠中發現，珍妮絲這一生一直和外星人合作，但她的意識毫無所覺。她的經驗從早期的生殖實驗，進展到在神奇龐大的母船上參加艱深複雜的課程，學習宇宙的各項主題與知識。當然，這一切教導從不曾出現在她的意識層面。它們被隱藏在她的潛意識心靈，要等到適當時機才會釋出。一部分的她雖然知道在另一個層面上有重要的事發生，但這無助於她正常的清醒生活免於混亂。

催眠一開始，我使用她的關鍵字，她立刻進入了深度的出神狀態。接著我帶引她回到時間消失事件發生的當天。

她重新經驗準備出門的細節，但她有些憂心，因為她覺得有事要發生。「我可以感覺到我的朋友在身邊。他們已經在這裡好幾天了。我有預感……我知道我要去做些工作，我並不想去參加晚餐，因為會有其他人在場。我不想事情曝光。這是私密和個人的事，不該被一群不了解的人張揚……所以我並不想去，因為我知道會有事發生。它就要發生，但我不知道會是什麼時候。我認為我應該待在家裡，讓事情發生時只有我獨自一人。」

這些感覺一定是在她的潛意識層面，因為意識上，珍妮絲在事件發生前通常只感到不安，她並不知道不安的感覺從何而來或意味著什麼。這個關聯總是含糊不明，主要是因為它發生在另一個層面，而這個層面是她清醒的意識心無法觸及的。只有在事後，這種感覺才會跟時間消失的插曲聯想在一起。

珍妮絲出了門，卻依舊感到憂心。「我開始有那種怪異的感覺。不過我已經知道，就算發生時正在開車也沒有關係。我不必擔心出事或什麼的。最初的時候，我有時還會害怕自己無法開車。……不知道要發生什麼事讓人提心吊膽。」她在高速公路上開了沒多遠就低聲自語，「喔！他們來了！」她的臉部表情顯示有事發生了。

珍：（敬畏的語氣）好巨大！好大的太空船！就在我前面，在我的上方。我看著它，心想，「這是哪個出口？」我才剛上高速公路一分鐘還是兩分鐘，他們就來了。

朵：你看到四周有其他車子嗎？

珍：我知道還有其他的車，但感覺就像只有我一個。就好像我是在一條走廊或通道裡……我找不到更好的說法。彷彿我是在自己的「空間」裡，和其他車子的空間是區隔開的。

這種事件發生時和外界環境隔離的現象在《監護人》探討過，在這個時候，似乎沒有人會看到任何異狀。我已經知道這是很個人與獨特的經驗，無關的人是完全看不到所發生的事。

珍：我曾經看過很大的太空船，不過這艘真的太龐大了。哇！（她絕對是深感敬畏）它是灰色的，就像陰天的天色。它有好幾組還是一排排的小窗戶，因為它有好幾層樓那麼高。……實在是太巨大了！

朵：然後呢？發生了什麼事？

珍：我就這麼咻！（我不懂她的意思）咻！啪一下不見了。就一眨眼的事。幾乎就跟思想的速度一樣快。前一秒我還在高速公路上，瞬間就不在了。我現在在上面（指太空船）。

朵：你的車子也在上面嗎？

珍：喔，是的。

朵：告訴我你看到什麼。

珍：這裡就像個城市。……真是大啊！我們把車子留在那兒……我跟著他們走。你心裡知道他們在等你，他們帶你到你必須去的地方。這個地方很大，大到你會迷路。你根本就找不到路。這艘太空船真是大！

她的護送者指示她坐上一個奇怪的裝置。「你整個人是傾斜的。這東西看來就像個座位。沒有電線或電纜什麼的。我到處在找線路。」

接著她猛然吸了一口氣，好像不太舒服。我看得出她正經驗某種陌生的身體感受，這似乎讓她喘不過氣來。「這個東西怎麼會那樣移動？移動得好快。」

她說她頭暈，因此我提出催眠指令，緩和她身體上任何不適的感覺。她花了幾秒鐘形容那種急速的移動，她事實上呼吸已經有些吃力，而且還發出驚叫。她描述不出飛馳而過的周邊景象，因為盡是一片模糊，而且那種飛快的感覺將她整個人淹沒。

珍：噢，老天！喔！實在太快了。真的非常、非常、非常快。我的身體有好怪異的感覺。

（發出幾乎是歇斯底里的笑聲）噢，全身刺刺的。

她深呼吸了好幾次，同時我也繼續提出令她舒適的催眠指令。我試著引導她往時間前移，來到她抵達某處的時候，好讓她身體的感受消退。過了幾秒鐘，她的呼吸漸漸恢復正常。接下來她說的話嚇了我一跳。

珍：（低聲說）你的聲音好大。你的聲音好大！

這令人不解。我並沒有提高音量。我不會提高音量，因為改變音調會打斷深度的催眠狀態。

珍：就像是擴音器。

她在嘆氣，顯然還沒從這趟狂暴的航行中回復正常。我下指令，她會以正常音量來聽到我的聲音。

珍：謝謝你。剛才那一會兒，聽起來就像是擴音器。

朵：速度慢下來後你看到什麼？

珍：我心裡並不覺得有慢下來。身體上是的，但速度還是很快。還是很快。

朵：情況正在恢復正常，我們不想你有任何不舒服的感受。

珍：那不是不舒服。不要誤會。感受這種感覺或許是必要的。我會參與這個工作是因為我想。那不是不舒服。那是一個經驗。在這裡（指地球）是做不到的。噢，我的天。剛才好快！你知道的，你一定要快到超越光速。

朵：但它不會讓你的身體感覺不舒服嗎？

珍：呃……身體已經被調整過。它的耐受程度已經……除了調整外，還有別的字，不過我不知道是什麼。

她的呼吸再次沉重。接著她開始熱了起來，扭動身體要掙脫被子。我幫忙她。這個情形有時會在催眠中出現，它顯示的是能量的波動。有時候個案會先感覺熱，再覺得冷，然後又感到熱的反覆。珍妮絲經歷了好幾秒鐘冷熱交替的不適，彷彿她還是持續感受到那種加速度。我仍然試圖讓她抵達旅程的終點，這樣我們才能繼續這個故事。經過幾秒的催眠指令，她做了個深呼吸，放鬆了下來，開始作出非常優雅的手勢。

朵：你為什麼作那些動作？

珍：（輕聲地）那是在打招呼。

朵：你在跟誰打招呼？

珍：一個存有。

她繼續比手勢，幾乎是畢恭畢敬，也顯示眼前那位存有作出同樣的動作。她幾乎把我給忘了，專心在作她的手勢。我必須要讓她再開口說話才行。我要求她描述那位存有。

珍：這個存有是一團光，但它是個身體。就好像它還沒有物質／肉體化。這個光非常明亮。它沒有顏色。你會說，那是你見過的最亮的光。

朵：他在和你交談嗎？

珍：是的。像是某種指示。說明和指示。

朵：你能重複他所說的話嗎？

珍：呃……我沒有聽到那些話。（挫折地嘆氣）那不是話，不是語言。那就像你看到塵埃飄來，或感覺它就這麼進到了你裡頭。我的意思是，那涉及的不只是你的腦袋而已。不只如此，還要更多。

我曾收到許多讀者的來信，他們都有透過符號接收資料的奇特經驗，而且這些符號似乎是直接進入他們的腦裡。這個現象有時發生在目睹幽浮的同時，或是之後。有些案例是躺在床上或沙發時發生——來自窗外的一道光束把幾何符號注入他們的腦中。我收到太多這類說法，無法把它們只當作幻想而置之不理。這個現象在《監護人》書裡也提到：外星人說過，資料在細胞層面上的傳遞/傳授速度非常快。他們說，在未來的必要時候，這些資料會在意識層面浮現，而接收者根本不知道它們來自何處。

朵：你知道這些指示和什麼有關嗎？

珍：（嘆氣）速度太快了，無法知道。

朵：或許要傳送大量資料就只有用這個方法。直接灌注到你的身體和心智裡。

珍：到處都是（指資料）。我覺得自己就像塊海棉。

朵：在這個存有的旁邊，你自在嗎？

珍：我覺得很謙卑。我要求看到它，結果它變成了一個人。這個光可以變成人，如果它想的話。它可以是任何事物。哇！喔！……它現在以人的樣子站在我面前（敬畏的口吻）。它看起來像人類，但是不一樣。他可以像柔和的光。你感覺他的皮膚是柔軟的。像個光體……像霧面的燈泡。

朵：你的意思是，他的臉和身體看起來像是由光組成的？

珍：對。

朵：從裡面發光？

珍：是啊！我問，「你就只是光嗎？這就是你嗎？就只是光？」然後他就在我眼前成形（指變成人形）。我看著這個變化，感到非常震撼……知道了光可以變成一個人。

朵：你能不能問它是誰或是什麼？

珍：我太敬畏它了，我不要問。這就好像你知道自己要保持安靜。（她看來像在聆聽什麼）有事情發生。有狀況在你（指珍自己）身上發生，如果你說任何話都是多餘。你就是不要說話。你在說話，但不是以所知道的任何方式。……我就是讓需要發生的發生，因為這和其他的事有關。

朵：嗯，那就讓我們繼續前進。你可以加快進程。就是這些情況了嗎？你只是停留在這個存有身邊並吸收資料？

珍：不。我們到處走動，到了別的地方。

朵：你離開椅子了嗎？

珍：我不在椅子上了。我不知道這是哪裡。我們來到外面，在這個星球上或什麼的。我們不在太空船上了。

顯然那張椅子將她由太空船帶到了另一個地點。另一個次元？

珍：（大聲嘆氣）到處都很亮。太亮了，亮到幾乎會傷到你的眼睛。這裡很安靜。我們繼續前進，就像在城市裡觀光那樣。我們移動的方式很有趣，因為我們不是用走的。就是這樣移動。沒有線路或管線什麼的。我在找線路。（輕聲地笑）我們就是非常平順地移動。沒有凹凸不平。就這樣在空中移動。

朵：告訴我，他帶你參觀的時候，你看到什麼。

珍：我不知道。（在她試著解釋所見情景時，偶爾會感到洩氣。她對看到的東西毫無概念。）那是光。你在光裡移動。然後它會改變，因為那是由光構成的區域。當你進到了裡面，那裡就變成——不是實體——但它從「一個區」變成了某個東西。然後你進到另一個光區，又是不一樣的東西了。

朵：它變成什麼東西？

珍：（她有困難描述）你知道，就像你在某一區開車，然後你轉個方向就到了另一區，除了這裡（的東西）不一樣。

朵：你的意思是像建築物或物體之類的東西嗎？

珍：那些不是建築物，不過他們住在裡面。

朵：他在帶你參觀他們住的地方？就在這片光裡？

珍：這光是……是……總和，是……老天！我無法解釋。

朵：你可以描述其中一個光區嗎？

珍：不可能，因為我不知道有任何東西是像那樣的。我從沒見過那樣的東西。

朵：嗯……我想像中的房子或建築物是有牆壁的空間或那類的。（她的表情顯示她不同意）它不是那樣？

珍：不是。你知道那個家就像是可以變成人的光一樣。然後你知道這個光……我沒辦法描述。

朵：你能不能要求他幫忙，提供你答案？我確定他有答案，而且你也許有他可以幫忙解釋的字彙。（停頓很久）

這是在所有案例中會出現的情況。當個案無法提供我需要的解釋時，如果我請求協助，另一個存有就會出現。

珍：現在還不是了解的時候。

朵：他能不能告訴你，為什麼他要讓你看這些東西？

珍：這是第一步。

朵：什麼的第一步？

珍：我不知道。

朵：他可以告訴你嗎？

珍：還不到時候。

朵：這個地方不是地球？對嗎？

珍：不是。

朵：另一個行星？

珍：他們不稱這種地方為行星。

朵：他們怎麼稱？

珍：我現在不能說。

朵：它是具象，是物質化的嗎？

珍：什麼意思？

朵：我想的是，我們的地球是物質的、實體的。你能碰觸得到。（大嘆一聲）還是它不一樣？

聲音改變了。變得比較自然，而珍妮絲說話時是帶著困惑、遲疑，並有些結巴。這個聲音聽來很有權威。也許我現在可以得到答案了。這是以前曾提供答案的類型。是她的潛意識嗎？還是另一個存在體的心智？

珍：它是不同的實相和不同的次元。而它也不被視為……（困惑）實體。

朵：所以它雖然不同，但仍然是真實的。

珍：是的。

朵：可是住在那裡的生命，那裡的存在體需要身體嗎？

珍：不需要。

朵：珍妮絲看到的是身體嗎？

珍：是的。她所看到的是身體，我們能夠以身體顯現。身體不是我們一直維持的形式。

朵：它和琳達的實體肉身，物質身體不一樣？

珍：不一樣。

朵：這是因為你們不需要身體嗎？

珍：沒錯。

朵：我在試著瞭解。你現在所在的這個地方，是在演進的較高狀態嗎？

珍：是演進到很高的狀態。

朵：我曾被告知這類次元。當人們離開了地球上的有形身體，就是來到這種靈體的狀態。這裡就像那樣嗎？還是不一樣？

珍：就像那樣。

朵：但演進程度遠超過我曾被告知的？

珍：我不是很明白你的問題。

朵：在我進行催眠時，有人提到當離開了我們的物質次元，也就是說，當他們死亡後，他們的靈魂或本質來到了不同的層次。而有時候這些層次和地球很像，只是位於不同的頻譜。然後隨著他們提升到更高的層次，有時候這些物體……不論你要怎麼稱呼，這些東西會改變。（她在搖頭）不是那樣？

珍：有些作用，就它所牽涉的特性和你所知道的而言，可以說是相同的。然而，在存在的這個無限點（infinite point），（個體）並不需要房子。不需要身體。因為這種存在是處於非常不同的……（輕聲地）這個詞彙實在是……

朵：我知道很難找到字彙。讓我想想看。振動？頻率？

珍：（肯定的語氣）振動！……這並不正確，但它會是你可以聯想的一個要素，我們就用振動。因為就你所瞭解的知識並無法理解我現在試圖告訴你的事。而要能理解我說的，個體必須演進到一定的程度。而且我也必須能夠使用你的語言來溝通。然而這些卻不是透過文字或言語能做到的。

朵：語言不足以描述，之前我也被這麼告知過。

珍：我可以用別的方式，但為了你，目前不會這麼做。

他們曾經表示，他們可以直接透過我來溝通（我作為通靈管道），但是我比較喜歡現在這個方式，這樣我才能保持客觀的記錄/報告者身份。也或許他指的是把符號直接輸進我的心智。但在那個情況下，我提取符號並對別人傳達其意義的能力將會受限。我或許可以了解，但卻無法轉換或轉化這些知識。

珍：語言是很侷限的東西。不過我們所使用的溝通形態和語言非常不同。

朵：她說她得到很多資料，資料直接流到她……她就像塊海棉一樣吸收。那是你們溝通的方式嗎？

珍：那是一個方式。那是非常密集、非常徹底的吸收資料的方法。

朵：你們還使用哪些方法？

珍：我相信她曾對你提到……符號。不過這個字並不對，不貼切。

他指的是珍妮絲處於放鬆的冥想狀態時，所接收到的符號。

朵：但在我們有限的方式裡，那是我們可以瞭解的字。我們可以解譯這些符號嗎？

珍：這要由別人，而不是我來決定。

朵：你可以說明為什麼你給她這些資料嗎？

珍：目前還不能。我必須更了解你。

朵：這我完全可以接受。

珍：而且她也必須要準備好聽到這些資料才行。

朵：是的，因為往往你聽到一些還沒準備好知道的事情時，會非常震驚。

珍：沒錯。

這個聲音繼續以一種比珍妮絲平常更為低沈和陽剛的語調說話。

朵：你給她的這些資料，或多或少是在潛意識層面？

珍：和潛意識無關，和潛意識又絕對有關。因為當我和你談到自我（selves）時，我們指的是潛意識、意識、肉體、非肉體，是這個存在體的整個狀態。

朵：所以這是遠為複雜，遠為巨大浩瀚，也遠超過我們所能理解的。

珍：大概吧。

朵：那麼，這個資料是她將來需要知道的嗎？

珍：絕對是的。

朵：這會幫助她在地球上的生活嗎？

珍：絕對是的。

朵：這會幫助其他人嗎？

珍：絕對是的。

朵：我們以後會被允許分享這個資料嗎？

珍：情勢會發展，而且這些資料也將被公開。但它會是在恰當的時機發生。有些會自然出現。有一些是你們會被允許取得。因此，對於你這個問題的回答可能是「是的」，不過不是現在。

朵：好的，我是很有耐心的人。我打算把這些資料寫出來，這樣其他人就可以分享，並且從中獲益。

珍：這將由許多其他因素來決定。你這個問題，我不能回答「好」，因為這要由多個行星和次元間的互動結果來決定。

朵：我想的是，如果它可以幫助地球上的人，或許我們就會被允許去探索。

這個聲音不只陽剛，它現在聽起來是上了年紀而且很有智慧。對字的發音非常審慎和精準。當尋找適當的字眼時，偶爾會停頓並喃喃自語。也只有在這個時候才會顯得遲疑。我覺得自己面對的是一個很有智慧的存有。

珍：不論是現在或未來，地球上都會有些人不能從中受益。它會傷害一些人。所謂傷害，是因為他們永遠不會準備好去知道，或吸收任何這類資料。這是為什麼資料還不能公開，它只能提供給特定少數能吸收並將之整合到存在╱生命裡的人。而這些……我們發現在你的星球上這樣的人並不多。因此，你一定要了解，如果你在未來來到這個無限點，你必須要保護你獲得的任何資料。

朵：你認為我以後會到達那個無限點嗎？

珍：這要視我們的進展而定。在我們這次的互動裡，我還不能和你自由討論許多事。然而，這是……我現在有溝通上的困難。這是我的問題。它（指溝通）可以用別的方式，可是你需要維持你現在的狀態。因此，和你溝通，我……我希望你了解，要減慢到形成文字語言的振動層次是相當困難的，因此我會顯得遲疑和結巴。也因此，和你互動對我是件困難的事。所以我們要發展出一個舒服自在的溝通方式，或許你和我應該再見面。

朵：那麼你認為我透過另一個人和你溝通會是比較明智的作法。

珍：目前是。我現在也可以用不同的方式和你溝通。我可以這麼做。但我不會這麼做，因為如果你沒有聽到我說的話，那對你就沒有意義。

朵：那麼我就必須用這個方式溝通了？

珍：你不是非得要這樣，不過這是符合你的目的和效益的唯一作法。

朵：我想是的。我進行的工作還是透過另一個人，另一個管道來接收訊息比較好。我對這種方式會覺得比較自在。我明瞭你說有些人永遠無法了解這些資料，而且這會傷害到他們的意思。我在很多年前就被告知，有些資料像治病的藥，有的則像毒藥。資料可能被誤解，並被用在錯誤的用途上。

珍：肯定是的。

朵：我被告知，這個世界還沒有準備好接受其中的某些資料。他們也說，由於這個原因，我的問題並不會都得到答案。我想你明白我的確了解，而且我並不打算強求。

珍：是的。我很遺憾目前無法提供更多資料。

朵：重要的是，珍妮絲正在吸收她所需要知道的一切。將來她會用到這些知識和資料，而她並不需要有意識地知道這些東西。

珍：她知道的。在你的星球上，只有極少數夠牢靠的人能夠來到這個無限點。要非常牢靠的人才能來到這個點，再返回原處。……就是「牢靠」這個字。這一點很重要：我們要能了解那個存在體的智慧層級，因為這類個體能夠在許多層次上進行溝通。這只是這個互動在此時發生的原因之一。此外，還有另一個牽涉的因素，就是她非常可靠地在小心保護這個工作。……對世人透露這個無限點，對他們並沒有幫助，首先，他們就絕對不會相信。其次，他們也永遠無法了解。第三，他們還會把珍妮絲關進療養院裡。

朵：我絕對不希望這樣。

珍：它也絕不會發生。

朵：不過，就我有限的了解，你是不是位於我們所認為的上帝層級？創世者的層級？

珍：是在無限點，是的。

朵：我曾經帶引許多人到不同的層級，他們提到還有更高的層級。雖然可能並沒有所謂的方向或高低這回事。

珍：方向只是和那個生命的移動或走向有關。因為「更高」的說法只是一個參考點——用來顯示他們來自的地方。

朵：是的，那是對我們的線性理解方式而言。

珍：沒錯。

朵：所以，這會是我們大家期望有一天能夠到達的層級嗎？

珍：還有超越這裡的層級。

朵：還有？那麼這就不是終極了。

珍：這個現在還不能討論。我只能告訴你，來自這個層級的互動，必須有純淨的身體、心智和心靈。純淨。這樣的互動在你的星球並不是那麼普遍。雖然會發生，但並不為人所知。因為絕大多數的個體在意識層面上並不知道，他們無法有意識的記得。

朵：她說她並沒有聽我所錄的催眠錄音帶。也許她不知道怎麼回事會比較好？

珍：她知道是怎麼回事。而那就是我剛剛對你說的：她能夠「攜帶」並記得她所知道的知識到不同的存在層面。因為能夠記得（知識）就是到達其他存在狀態的關鍵。她被逐步引導並發展到不同階段是非常重要的。……你必須了解一件事，這個個體一直非常非常努力地和許多存在體合作。她和幽浮的工作只是她所做的事情的眾多面向之一。她不是你們一般世界的人，雖然她屬於這個世界的一部分，也很融入你們擁擠的世界。就功能來說，她的屬性/性質完全超出了科學所能理解的範疇。你必須了解的是，她在肉體/物質層次運作，而且是活生生的人類。但她同時也在許多相互依存的其他次元和層級間運作。

朵：你說在這之上還有其他層級，但你卻稱這裡為無限層級。

珍：它確實是無限層級。

朵：對我而言，無限代表永恆，就像是沒有任何東西可以超越它。

珍：有那麼個無限點，然後還有超越無限點的。

朵：她必須經常來這個地方嗎？

珍：這不是必須來的問題。這是一個必要的互動，為了……（猶豫，在搜尋字眼。）

朵：她的工作還是什麼？

珍：嗯。有許多原因。其中之一是對這個個體的慰藉。

朵：所以她來到這裡的時候，她感受到慰藉？

珍：是的。

朵：儘管她受到資訊轟擊，還有那種速度感？

珍：是的。

朵：來到這裡對她仍然是個安慰。

珍：你瞧，要到達無限點，你必須超越光速。超越光。超越光就是比光快。然後你就進入了存在的另一種形態。

朵：好，我想我們談得夠久了。我很關切我們進行的時間長度。我非常感謝你讓我和你談話。

珍：若不是事先有其他存在體同意，你現在也不能和我說話。謝謝你包容我溝通時的躊躇，因為這樣的溝通是困難的。我要感謝你在我遲疑和結巴時的耐心。

朵：沒問題。我感謝你能和我談話。如果你願意，或許日後我們還可以交談。

珍：或許將來的情況會演變到我們可以做更深入的討論。不過此時還不能保證。

朵：沒關係。我有耐心。我會等待那一天的到來。同時，我也將全力探索我現在可以獲得的資料。

我引導珍妮絲回到一般的意識狀態。和往常一樣，她過了許久才能坐起身。剛離開催眠狀態的她總是能和我對話，但她似乎還很放鬆，會有好幾分鐘無法站起來走動。即使可以走動了，她還是搖搖晃晃的，要直到完全清醒才行。這好像是她的常態模式了，因此沒什麼需要擔心的。我們討論了部分的催眠內容。她向來都不記得催眠的經過。

和派西一起用餐、稍事休息後，我們回到臥室進行另一段催眠。我們都同意這回做兩段就夠了。過去我們曾經一天內做三次催眠，但結果常是沉悶且令人疲累，比起個案來，對我更是如此。

在這次催眠開始前，我們先討論想挖掘的內容。珍妮絲對於一週前看到的那些湧進心裡的符號仍然覺得好奇。我對她解釋，那位存有說現在還不是她知道的時候，因此我們還不能獲得資料。她雖然感到失望，但我從過去的經驗得知，你不能強求。當時機對了，他們就會允許資料的傳遞。想要推翻或不顧他們的意見並沒有好處。我也不能辜負他們的信賴，要不然我的研究會因為資料的封鎖而終止。

我們最後決定探討前一晚發生的奇怪事件。珍妮絲到一處漆黑的停車場取車，就在她啟動引擎時，她突然看到汽車周圍冒起了像是煙或霧的東西。她心想車子出了問題，於是下車查看，想知道煙是從哪兒來的。這團煙霧接著在汽車前方聚集。她看到煙霧中央有一隻貓。她最後的記憶就是朝這隻貓走去，進到了霧裡。

當她意識到自己是在車子裡，正準備開車回家時，已經是好幾個鐘頭過後的事了。因此我們決定針對這個事件一探究竟。

我使用她的關鍵字，她立刻進入了深度的催眠狀態。我帶引她回到前一晚，她離開聚會，朝向停放在停車場的車子走去的時候。她開始重新體驗那段過程。

珍：我想看看煙是不是從引擎蓋冒出來。那個煙不是一般煙霧的顏色，可是我看到它就直往上冒。擋風玻璃前、引擎蓋上，還有車子前面到處都是。它不像煙那麼濃，它是像蒸氣一樣。比較像薄霧。起先我以為是汽車過熱，但我有個感覺不是這麼回事。我站在那裡等著。心想，好吧，就看看是怎麼回事。接著我就看到煙霧中央有隻貓。我對自己說，「我就知道。我就知道。我就知道。」我朝那隻貓走去，但那隻貓並不是貓。煙和貓都只是為了要引我下車。我朝著貓走去。我知道貓就要移動，然後當貓移動時，我就會離開（這裡）了。就是這麼回事。你有過這樣的經驗，你知道事情並不是像眼前所看到的那樣。

朵：你朝那隻貓走去，然後呢？

珍：我被鎖住了。就好像被鎖到一個頻率裡。你看著貓的眼睛，然後你就被鎖住了。好像你是從「現在」被移到了一種頻率裡。就像轉換電視頻道，只不過是用不同的方法。接著你就像是在一道光束，或一個通道裡。但你知道自己在移動。我不知道我是身體真的在移動，還是只是心裡的感覺。

朵：當你被鎖住時，除了貓，你還看到別的東西嗎？

珍：有啊。它就在我眼前變成了一群存在體。我知道我是朝向它（指貓）移動，但有時候我朝它移動，卻又發現自己是在太空船上……他們就站在那裡，但他們不可能是站在那裡啊！總之，我繼續朝他們移動，就好像自己是被拉過去一樣，就好像我是在一個自動裝置上。接著我聽到聲音，我心裡知道是怎麼回事。我開始感覺自己以另一種方式移動。你感到非常順暢，你就是那樣順暢地移動。……他們在等候我的到來。

朵：誰在等你？

珍：一群存在體在那裡等我。我不確定我認識他們。但我倒是知道那個穿綠色長袍的男子。我試著去看每一個人，不過我移動得太快了，沒辦法看到全部。

朵：你說你認出某個人？

珍：我認得那件衣服，我曾經看過。那時候我在一場大型聚會，坐在觀眾席裡。同一名男子就站在下面的講台演講。我坐在那兒，但我是氣體的形態。……如果你仔細看著某樣東西，你可以看到它的形體，但一下子它又會變成氣體，像蒸汽一般。那種看東西的方法並不一樣。我們都在這裡，這個地方很大，他就在底下，在我們一大群人前面。他演講完後就離開了，接著是其他人繼續演說。

朵：因為你知道他，所以你認為跟著他們走是安全的？

珍：我因為看到他，所以我知道沒有問題。

朵：你後來到了哪裡？

珍：我不知道我到了哪裡。我現在躺在空中。就只是躺著。不是在桌子上什麼的……。我不明白這是怎麼回事，但我知道我不是在地球上。

朵：你看得到你附近的東西嗎？

珍：不能，我現在不能。你知道夜空的樣子。你知道那是星空，它就在那兒。我看不到星星。我不認為昨晚有星星。

朵：如果你看不到的話，你可以感覺到周圍有任何東西嗎？

珍：我知道他們在那裡。我知道我必須先經過他們，才能到達我要去的地方。因此我「穿過」他們，到我現在的這個地方。他們站在……他們介於我和我此刻所在的地方之間。我很平安，我很好。他們說我很安全，要我放心。我知道。我到了那裡後，好像就必須躺下。

朵：有任何人和你一起嗎？

珍：我感覺有，但我沒看到他們。有一大片紫光在我面前。它在跳動……在移動。就跟心跳一樣，只不過它不是心跳。它很大一片。有些時候它的外圍都是綠色。它像個發光體，中間是靛藍和彩虹色澤。我常看到這個光，但我不知道它是什麼……從光裡出現了不同的形狀……我以前從沒看過它們從光裡出現。我看過這個光無數次了，但不曾見過這個情形。從沒發生過。形狀。圖案。形狀。圖案。（她重複說出這些字，速度愈來愈快，顯示它們是非常快速地發生。）就好像我是在看著裡面發生的……它在我裡面整合。形狀、圖案、形狀、圖案。圖案、形狀。雪花圖案形狀、六邊形圖案形狀。

朵：但那是種好的感覺嗎？

珍：哦，那感覺像是你為了考試還是什麼的，硬要記得很多東西，像在填鴨。你知道那種苦讀的感覺，除了我不必真的去讀之外。我只是在吸收。這就是我現在的情形。（敬畏的口吻）噢，我的天，你看那個！

朵：在你吸收這些形狀和圖案的同時，有人可以回答我們的問題嗎？這樣我們才能找出這麼做的目的。

珍：那群存有好像就在我們附近。

朵：你要不要找個人問問，請他們現身來回答我們的問題？當你觀看這些形狀的時候，他們可以和我們說話。

珍：光消失了。形狀也消失了。我聽到說話聲。不過，我不知道他們在說什麼，因為我聽不懂那種話。

朵：你能不能請人來協助說明？

珍：（停頓）他們沒有在聽。

朵：或許你可以在心裡問。

珍：我正在試。（輕聲地）我不知道現在是怎麼回事。（她含糊低聲地說話，似乎在默默和某人溝通。）他們聽起來好像都很忙，而且都在說話。（停頓，又再喃喃自語。）現在他們就在我旁邊。

朵：他們在做什麼？

珍：交換資料。

朵：跟你？還是跟彼此？

珍：都有。

朵：好。你能不能在心裡詢問其中一位，請他來回答我們的問題，同時你也繼續你的事？

珍：在這種情況下很難問。有好多事正同時進行。這主要是……好多的……（感到困惑，有些應付不來。）有太多東西在進行，我要開口問都很難。（她作手勢，指向周圍不同的人。）這名男子做了些交流，接著這位，然後這個人也交換資料，還有他也是。

（一再重複）

朵：他們都是在心裡這麼做嗎？

珍：我不這麼認為。我不知道是怎麼做到的，也不知道是什麼。感覺上不是心裡。

朵：嗯……我們能不能前進到這段結束的時候，你的心智就不會有那麼多活動進行？讓我們來到交流結束的時候。

珍：我的頭好痛！

我猜測她的不舒服很可能是因為太多資訊輸入她的腦中。我提出催眠指令：當我碰觸到她的頭，一切不舒服的感覺就會消失。（她發出放鬆和舒緩的聲音。看得出她感覺好多了。）讓我們前進到沒有那麼多訊息進行的時候，這樣你就可以和我討論事情。（嘆了口舒緩的長氣）現在，你能不能在心裡請個人來回答問題？

珍：好的。他們正在討論要由誰來和你說話。我試著去看，可是看不到。（突然倒抽一口氣）噢，有個金字塔對著我降下來。它的尖端朝下。它有一條條的線。它就這樣下降。

朵：那是什麼，是光還是什麼？

珍：我不知道那個金字塔是什麼構成的。它在移動。看起來像是一種電動遊戲。它到了我的頭。我看到它要進到我的身體。它有不同的層次。被區分……分割，周圍有一圈一圈的環，就像樹木的年輪，只是它是金字塔。它的尖端朝下，到了一定的點後，停了下來。接著又開始移動，停止。移動，停止，移動，停止。我的整個身體好像都在金字塔裡。它在我全身擴散。我的手臂覺得怪怪的。感覺我的身體在消散。（我開始擔心她的狀況）沒關係。沒問題。不痛。我的身體就這樣消散了。就這樣消失了。喔，身體就這樣消失了。

朵：不論你在哪裡，你都能聽到我的聲音。那群人裡有人可以回答我們的問題，為你解釋這個現象嗎？

珍：拜託。（幾次深呼吸）這個時候根本不可能回答你的問題。他們會回答你的問題的，但不是現在。現在不行。

朵：好。但你現在的感覺是正面的，是好的？

珍：是好的感覺，是的。只是我的身體消散了。完全地……

他們要我等待，所以我就利用這段時間提出更多令她感覺良好的催眠指令。

珍：（停頓很久後）我們能夠了解，你想透過溝通取得一些說明。無論如何，我們正在做某些工作，也因此藉著你進行催眠的機會，冒昧地運用。昨晚工作的影響仍持續著。你希望獲得前一晚的資料，而現在所發生的對她來說卻是資料上的嶄新發展——獲知更多關於她被引導去做的事情的結果。

這個聲音絕對變了。每當換了不同的存有說話，總是很容易辨別，因為這種改變是立即性的。

珍：我現在就對你說明。你希望知道什麼？

朵：她對她一直看到的形狀和影像的目的很好奇。

珍：那整個語言是……我不能和你討論它來自哪裡。不過，我可以告訴你，人類要能掌握和運用一種溝通方式，這點非常重要。但目前這個時候，我們不可能用你能理解的語言來和你溝通或說明。當珍妮絲累積了更多這種運作的經驗後，就會有辦法進行。你可以說，目前她是在接受指導並學習其他的溝通方法，這是為了未來要做的某些工作。或許這麼說會是對你解釋的最好方法：你到學校學習法文，以便以後可以到法國並且使用法語。她所學習的東西是為了未來的發展，也是為了保護她自己。

朵：這些符號會是她保護自己的方式？

珍：這些符號使她無法和現階段的人類層次溝通不該溝通的事，因此這是保護她的一種方法。然而，這些符號必須被銘刻在她心裡，未來當這些符號被召喚到她的意識層面時，銘刻的印記就能被啓動。那也就是她需要知道，需要說明並且去教導的時候了。

朵：以後她可以幫我畫出這些符號，解釋它們的意義嗎？

珍：或許吧。那不是我有權同意的。必須由現在不在場的層級來決定。如果你在早先的催眠時詢問，那你現在就已經有答案了。

朵：我問了，他們當時說我還不能知道。

珍：那麼我的回答是一樣的。

朵：她也想知道聚集在這裡的那些存有的目的。

聲音再次改變。這一個聽起來更有權威、更專業。

珍：我來回答你。這群存有聚在一起是因為團體裡的每位成員都有一定的專業層級。因此，你有的是一群……或許你會把他們稱為在不同面向發展的「菁英」。就如同你在唸碩士學位的時候，你的老師是專門講授碩士課程的教授；他們和教導大一課程的教授並不同。

朵：她說她沒看到每一個人，但他們看起來確實是不一樣。

珍：非常不一樣。

朵：她認得其中一位。那麼，你可以代這個團體回答一些問題嗎？

珍：如果我不是回答問題的那個人，那位可以回答的人就會出面。因為這個團體同意和你互動。如果團體裡有任何人不覺得目前的時機適合，這事也就不會發生。假使出現了這個情況，我們要請你理解，即使團體裡的任何一位都能答覆，也不會有人開口。倘若那方面的權威覺得不該提供答案，沒有人會替他回答。

這個情況在我和菲爾合作《地球守護者》時也發生過。那時有一組共十二位存有的團體和我溝通，並提供我播種地球的故事。他們也說過，他們只能提供大家都同意給的資料。

朵：我向來都是知所進退。如果你不想回答，就讓我知道。目前地球上有個神秘現象，很多人對此都有疑問。這是出現在英國農田的「麥田圈」。他們稱為「玉米圈」（corn circles），雖然事實上是小麥和其他穀類作物（譯注：corn在英國為小麥、一般穀類，在美國指玉米）。它們在過去幾年不斷出現。你能提供我任何資料嗎？它們來自哪裡？怎麼來的？為什麼？

珍：我可以告訴你麥田圈的出現有好幾個原因。而且原因各不相同。不同時期有不同的原因。好，你知道螺旋嗎？（知道。）你瞭解「窗口」嗎？（瞭解。）在一個特定的時期，某些能量用它們和你們地球的氣流，你們地球的振動來互動。我試著不用技術性的話來回答。我不能給你這方面的全部資料，但我可以告訴你，其中有一些是因為太空船的降落造成。那是由於飛行器的推進力方式或燃料的緣故。這和你們星球的重力也有關。除了反重力外，還有其他原因。

朵：但它們並不全是由太空船造成的，是嗎？

珍：沒錯。

朵：有的麥田圈似乎有一定的模式。圓圈環繞著圓圈，還有不同的圖樣。

珍：沒錯。你現在說的是它們彼此間的交互關係。（停頓很久後）抱歉，我有你要的答案，但要在下一次再告訴你。現在我不能說，因為這是時機的問題。這表示目前還不是了解的時候，這很重要。我只能告訴你，有某些人正在進行一項計畫，而麥田圈是屬於那項計畫的一部分。只要相信，這些麥田圈不會帶來危害。它現在和能量流的其他面向是相合一致的。它們在那裡出現有非常重要的作用。就像珍妮絲正在學習的語言符號一樣，所有努力都和穩定脆弱的地球地幔有關。每當需要有一道反向圈圈的時候……你知道的，圓圈的力量非常強大。它們也被使用為傳輸的焦點。這就是我能告訴你的了。

朵：這些圖案／模式有意義嗎？

珍：它們的確有意義。

朵：許多麥田圈都是在像巨石陣（Stonehenge）一類的古老遺跡附近被發現，這也有它的意義嗎？

珍：當然。當你想到巨石陣，當你想到你們的古老遺跡，或你們星球上所謂的「聖地」時，你一定知道，神聖並非一蹴可幾。時間會承載能量（譯注：意即能量會隨時間累積）。而我們在這些特定地區已經工作好些世紀了。

朵：但麥田圈似乎是一種新現象。

珍：那只是因為現在看得見。以前你們看不到，但它們一直在那裡。現在你們能看見是因為已經發生的次元轉移。

朵：它們之前就在地面？

珍：它們以前是在地面下。它們只是浮現地面。地球變化得太大……（大嘆一聲）地球的變動也導致這些麥田圈出現在地表。

朵：那麼過去麥田圈所創造的能量或提供的功能是在地下完成的。

珍：是的。

朵：而現在是在地表上作用？

珍：是的，因為情況已經改變。

朵：許多人認為麥田圈可能是一種溝通的形式。

珍：它是的。我稍早對你解釋過，它被使用為振動的焦點……或許我沒有說。你瞧，當你用不同的方法溝通，就會有這種狀況。你會認為每個人都知道你在想什麼。我想告訴你的是，麥田圈是能量入口的焦點。好……能量的入口以圖樣，以螺旋狀呈現，能量由此進入並由此往上拋擲……（對於該怎麼說有些疑惑）

朵：從同樣的地方？

珍：是的。

朵：就像彈跳效應或作用。

珍：是的。

朵：好。她曾被告知她和一項運用能量的計畫有關。

《監護人》書中說明珍妮絲屬於某項計畫裡的一員，她的能量被用來幫助平衡地球能量。許多人都參與這個計畫，雖然他們的意識對此毫無所知。我被告知也是其中之一；旅行將我帶往這個世界的許多地區，因為那些地方需要我的能量。參與這個計畫的人完全不會因此而耗損本身的能量。

珍：那是同一個計畫的不同階段。

朵：不過聽來能量似乎是在彈跳或跳躍。這麼說正確嗎？

珍：是不同的……我可以回答嗎？（她輕聲問，顯然不是問我。）好。我回答嗎？（聲音低柔，當時我並不知道她不是在對我說話。）

停頓了很久之後，出現了另一個比較輕柔，幾乎可說是甜美的聲音。顯然是女性。

珍：或許我能答覆你。現在還不是你全盤了解這項計畫的時候。但你知道某些細節會是重要的，這些細節將由這個團體的成員告訴你。你需要知道的事情之一，就是秘魯也有麥田圈。你的星球上有其他地方也有這些圓圈，只是人們並沒察覺。我們正在努力讓人類開始知道其他的溝通方式。無論如何，有些人是可以透過這些麥田圈交流。這些圓圈的能量也穿過地球，因此它是同一個計畫的一部分。只是不同的階段。好，還有一件事要知道，你們的地球在太空中旋轉，不是嗎？

朵：是的。

珍：那麼它是怎麼轉的？哪個方向？

朵：我要想想看。是不是逆時鐘方向？（她比出手勢）順時鐘方向，好。我不記得這部分。

珍：呃，事實上，如果它是上下轉也沒關係。麥田圈的目的是為了創造一個相對的效應。這是屬於平衡（能量）的一部分。這是它的目的，也是唯一的目的。能量透過它們運行。如果你能看到另一個次元，你就能看到螺旋狀的東西。你會看到那種旋轉的作用，因為它不斷地動作和運行。你雖然看不到它，但它一直在動。不斷地動。就像陀螺的運轉。順時鐘方向。

麥田圈裡的穀物是朝哪個方向？就我本身目睹也身歷其中的麥田圈經驗來說，兩種方向都有。

朵：我想到陀螺。陀螺不斷旋轉和移動。那麼這些地點（指麥田圈），就是能量在地球上觸地的位置了？

珍：或許你可以想像一個旋渦。

朵：好的。我想像它在太空，朝著地球的方向，然後碰觸到地面。

珍：沒錯。事實上，能量束是被傳送到圓圈的中央並向外旋轉出去。記得我對你說過的焦點/中心點嗎？能量束被傳送到麥田圈的中央，然後成渦旋狀旋轉。

我有好幾回在英國的麥田圈就注意到這一點。在我心裡它像是一個中央焦點，然後圓圈從這個點向外旋轉出去。就很像某個人調整高壓水管的噴嘴，然後轉開（龍頭），水隨即噴出並繞著中心點旋轉。我知道麥田圈並非用噴管形成，它很可能是透過能量的聚焦，但這是我所能想出的比喻了。

朵：這是幫助穩定地球運動計畫的一部分。穩定板塊的運動？

珍：是的，是這樣的。

朵：它似乎只出現在特定的地方，還是說麥田圈在那些地方比較引人注意？比較明顯？

珍：它們在那裡浮現。那是企圖要引發人類詢問。也是要讓那些有能力理解的人，開始知道和了解麥田圈。

朵：在一些麥田圈的例子裡，有一圈的穀物完全朝著同一個方向，外圈則是往反方向。

珍：這就是我的重點。

朵：為什麼外圈穀物的方向要相反？

珍：因為有必要平衡內圈的強度。

朵：這一定發生得非常快。對嗎？

珍：非常快。你看不到（過程）。

朵：據說是在一夜之間出現的。能量束是來自哪裡？

珍：我不能……（呼吸急促，聲音受到干擾和扭曲。錄音帶裡的聲音很奇怪，這時候幾乎是一陣混亂。是能量流嗎？）……告訴你。

朵：你不能告訴我？

珍：（這位存有似乎有些煩躁不安）不能。

朵：好吧。我是疑惑它來自太空，來自太空船，還是……？

珍妮絲的反應像是不太舒服。我以為她或許又熱了，就像早先的催眠。我於是調整被子並下指令讓她覺得涼爽，設法使她舒適。但這時候有別的狀況發生，她的呼吸變得非常急促，她看起來很不舒服。經過幾秒鐘的催眠指令，她的呼吸漸漸慢了下來。她又再度放鬆，因此我繼續發問。那位存有打斷我。

珍：（輕聲地）請……

朵：什麼事？

珍：給她一些時間適應。

朵：好的。因為剛才她覺得很熱？

珍：是的。

朵：因為能量嗎？

珍：是的，沒錯。她的身體接觸到那個計畫的最高動力階段。你必須了解，當我們和你溝通時，這個身體就是載具。由於這個身體和這項計畫有很密切的關係，有時會無可避免地體驗到最高的能量。她在心理上會經驗到工作完成的感受。在心理上。你大概可以了解「心理上」的意思，不過那不只是心理過程，因為生理也受到了影響。而且它發生得非常快。你使用的字引發了這個現象，你說「這一定發生得非常迅速」。「迅速」就是個觸發器。溝通在這個層次變得非常微妙。

事實上，在聽了錄音帶之後，我發現自己說的是「非常快」，不是「非常迅速」，但透過他們對珍妮絲的語彙運用，顯然對這兩個詞的解讀是一樣的。

朵：我很抱歉。我無從知道會有這種狀況。

珍：你不可能知道的。我們希望和你有所互動。我們希望對你的工作提供指導。我們希望能有你繼續和她合作。你要知道，為了她能繼續參與你的催眠工作，有時候必須由我們和你來使她恢復平衡。你必須了解，這個層級的能量運作是非常……（困惑，在搜尋字眼）……微妙細緻的。

朵：我知道她有反應。就像熱在突然間爆發。

珍：那是因為當這個個體位於麥田圈的中央時，特定的旋轉力量會在瞬間引發身體的大量熱能。……我們正試著和你分享這些資料，我們來這裡對你說話，因為這些事情有必要被討論。無論如何，我們會需要教導你一些方法來幫助這位個體在某些情況下仍能繼續。

朵：好的，因為我不可能知道我說的話會引發狀況。我當然不希望發生這種事。

珍：這個個體的物質軀體並不會覺得難受。你大概以為她會，因為你的肉眼觀察到她身體的不舒服。這個個體已經……（再次不太確定字眼）

朵：是什麼字？被調整或訓練嗎？

珍：很接近。不過不只如此。（猶豫）……已經準備好。是的。可以對你這麼解釋。在她這一生，這項計畫一直在此（指地球）進行，由於她長期參與這個計畫，這些年來，她已經發展到能夠承受普通人無法理解的身體能量的程度。而且普通人的身體也不可能在經歷後絲毫沒有解體的現象。

朵：只要她能承受就好，因為我絕不想做任何會傷害她的事。你認為我們停止討論麥田圈會不會比較明智？

珍：不只是討論麥田圈會有這種現象。麥田圈是主要的部分，但你還沒經驗到金字塔呢！你們在埃及有實體的金字塔，然而，有些金字塔就像麥田圈，你們尚未在地表看到，那些也都在運作中。這只是能量工作的另一種方法。能量工作對你們星球的維繫非常重要。你也必須知道，有些太空船來到地球，當它們降落地面時會產生有形的痕跡，產生的方式大致和麥田圈相同。因此很多地方都出現圈圈。這裡有圓圈，那裡也有圓圈。

朵：可是那些降落地點並沒有和麥田圈同樣的能量效應。降落痕跡只是因為太空船的推動力所造成。

珍：不過一旦產生，它們就會被使用（意即可發揮效用）。

朵：我之前的疑問是，能量束是來自太空或太空船？是從哪裡發射的？

珍：我不被允許告訴你。我們將在另一次會面時討論這個問題。有些存有還沒提供你知識，如果你想問問題，他們在這裡。

朵：好的。不過我絕不會知道我是不是觸及了不該知道的主題。

珍：你會的。

我正要提出問題，突然被打斷。有狀況出現，這個團體認為非常緊急，必須優先處理。

珍：（嚴厲的聲音）提出指令！
朵：什麼？
珍：（聽來沒什麼耐性）提出指令！
朵：什麼意思？
珍：她很難受。提出指令！

珍妮絲抱著頭，於是我伸手觸碰她的前額中央並提出舒緩這類狀況的催眠指令。不過那個存有打斷我，並命令我用一個手指施壓。我試著照他的建議去做，但又被打斷。「你按錯地方了！」

朵：指給我看。

珍：（她指向位置）輕輕地！我會引導你。（她將我的手指移到她前額中間的正確部位）我會引導你。繼續提出舒緩的指令。

我繼續說著催眠指令，那個存有還是不滿意。

珍：把你的手給我！手不要動！這很重要！（嚴厲地）不要指揮你的手！讓我來。這對她很重要。手放鬆！把手指給我。（輕聲地）把你的手指給我。

朵：吶，給你。

在引導我的手指移到前額的正確位置時，她沒說半句話。她操控我的手的同時，我放鬆我的手，並提出催眠指令，好舒緩珍妮絲任何不舒服的感受。

珍：我做完後會讓你知道。很抱歉對你這麼強勢，不過剛才有緊急情況。

朵：你能告訴我是什麼原因嗎？

珍：（停頓）不要說話！（停頓了很久）

朵：你是在用我身體的能量嗎？

珍：不是。

靜默許久後，珍妮絲顯得放鬆多了，而且呼吸也再次緩慢下來。

珍：（機械式的口吻）謝謝你。我很抱歉對你這麼強勢，但因為情勢急迫，我們必須和她有身體實質上的接觸。而從我們所在之處，這並不可能。

朵：我很高興能幫上忙，因為我也很關心她的安好。你可以告訴我為什麼會有這個緊急狀況嗎？

珍：稍後。我們必須先穩定下來。

朵：那麼使用的並不是我的能量了，只是身體上的接觸。

珍：是的。那跟你或你的能量無關。而如果你有任何感覺，我們會把它移除。

朵：沒有，我沒有。

珍：我想也是。

朵：我只是設法放鬆，好讓你引導我的手。

珍：要那樣做很難，我很謝謝你。那麼做很重要。

在她把我的手指挪到她頭上的其他部位時，又是一陣沉默。她接著嘆了幾聲。

朵：你可以告訴我為什麼要在這些不同地方施壓嗎？

珍：這些地方是經絡的穴點。這和你們的指壓很像。透過你的碰觸，這個個體能夠和我連結，然而你的身體並沒有涉入。

朵：我想把這些錄下來。你剛剛碰觸前額和幾個地方：眼睛、耳朵前面……

珍：（打斷我的話）把你的手給我！手臂不要動。

朵：是我坐姿的關係。好。……你按的是耳朵前面，下巴底下，還有頭頂頂輪的位置。接著是前額中間的鼻樑上方。

這些動作一再反覆。然後她放鬆了下來，也把我的手放下。顯然緊急狀況解除了。

珍：謝謝你。

朵：現在好些了嗎？

珍：（她正常的聲音）是啊，好多了。

朵：我很高興能幫上忙。我不知道剛剛自己是怎麼回事。我的坐姿有些勉強，因此很難放鬆。

珍：（那個嚴厲聲音又回來了）謝謝你讓我用你的手。

朵：是什麼緊急狀況？你能告訴我嗎？

珍：是麥田圈的殘餘效應。你必須了解，這時候，你是在不同次元之間。這個存在體在跨越次元。當你在次元間非常迅速地移動時，如果沒有妥善地校準，也就是有一點（指時間點）沒有在次元轉移前先就定位的話，她的身體就會短路或感覺到痛。於是我們（有困難找到適合的字）……這麼說吧，優先處理她的狀況。

朵：進行得有點太快？

珍：這是時間的問題。宇宙時間、地球時間、生物時間。當你在這些時間裡不一致，她的身體就有可能發生那些情況。你還必須了解的是，當你討論麥田圈的時候，她就在體驗那個當下。

朵：我並不知道這點。

珍：我們瞭解。我們原本認為你或許不需要知道。

朵：不過，為了確保她的安全，不讓她難受，我很願意知道這些事。

珍：原本的作法是以後再指示你。往後除非有必要，也不會預先告知。對這群存有來說，以這種特定方式將資料傳遞給你是很不尋常的。你必須知道……（深深地呼吸，她似乎又感到不舒服。）

朵：她是不是又覺得熱了？

珍：我們想看看是否可能加快和你溝通的進程。我們現在發現必須要做些調整才行。

朵：好的。不過，如果這會造成她任何不適，我不覺得值得為我這麼做。

珍：這不是你選擇值不值得的問題。事實上，你選擇要或是不要做這個工作。我無意強勢。我只是想告訴你，這是非常重要的資料。而且這和找到適當的媒介來傳遞有關。隨著我們這個團體和你合作，我們將建立一種目前尚未呈現和達到的平衡。因此，在她和團體、團體和你，還有你和她、她和團體之間，我們要就平衡來做些小調整。當我們很快地進入一個非常嚴肅的主題，好比麥田圈，狀況就會很快地發生。然後是那個字（指迅速）。不過，我們已經和她處理好了。你瞧，我們並不知道「迅速」會引發和字義相同的反應。所以我們同時也在學習這位個體會如何反應。

朵：這就是我的意思。當我說話的時候，我完全不知道對她會有什麼影響。

珍：我們完全了解你的處境，也很同情。我們也感謝你能夠理解——如果我們表現強勢，並不是對你生氣。那是因為狀況緊急。（停頓很久）

朵：你在聽誰說話嗎？

珍：（她的聲音聽來正常許多）是的。有人想跟你說話，不過他們不說英文，我也不會說他們的話。我們正在想該怎麼做。

朵：他們能不能找別人來溝通？

珍：他們正在找。他們在交談。他們在討論。他們在角落。他們好像在試著做出決定。

朵：跟他們說我們的時間所剩不多了。我真的很想得到這個信息，因為他們剛才還在指導我。（困惑）或許他們可以轉達給某個能夠告訴我的人。

珍：他們正是要這麼做。（輕聲地，像在跟別人說話）好了。（嘆氣）

朵：他們準備好了嗎？

珍：（另一個較大的聲音）大概吧！

朵：因為如果他們不指示，我無從知道自己是否違反了任何規定。

珍：（她開始說話，清了清喉嚨，似乎有調整聲帶的必要。接下來的聲音絕對是女性，而且語調更輕柔。）並沒有違反任何規定。但是我們要告誡你，在你平常討論這些現象時要非常謹慎。你必須注意自己是和誰談論及分享資料。有些領域很敏感。這很重要，我重複，閒聊和分享這些資料是不被允許的。你做得很好，我們很感謝。其中一個問題會是資料的性質，還有時機。並不是每一個人都要知道全部的事。你對於誰應該知道哪些事的判斷非常好。你的專業層級讓我們和你合作愉快。這不是信不信任你的問題，而是時機。什麼時候該知道，什麼時候不該知道。因此，在未來當你得到資料時，有時候你會被吩咐不要洩露，直到你收到進一步指示。如果你覺得非常必要就他人正進行的工作提出建議的話，或許你能找到理想的方法。但是不要洩露你的來源。我們會做些協調和安排，因此你和旁人分享的任何東西，都會是事先被許可的。

朵：那麼我會遵從你們的指示。

我從過去的經驗學到，我必須聽他們的話，要不然他們也會有不讓資料出版或公開的方法。我在《監護人》裡提到，有四卷錄音帶莫名消失了八年，因為那些內容在當時還不該被披露。此事距今已經十年以上，因此我相信現在是發表這些內容的時候了。他們提到的另一點也很正確。這些年來，我好幾次得到敏感資料並被告知不要出版，原因若不是自我保護，就是時間還不對。因此，我已經學會要遵循他們的指示。

朵：我們的時間不多了。而且今天這位載具（指珍妮絲）也很辛苦。但我想謝謝今天和我說話的所有成員。

珍：下一次還會有其他人和你說話。

朵：我會很努力去做到你們的期望。如果我犯錯，那是因為我並不了解。

珍：噢，我們很清楚你的能力，我們欣賞也謝謝你。只是有時難免出現緊急狀況。而在那種情勢下，我們會顯得很嚴厲，那不是我們的本意。

朵：但請了解，我很努力地在試。而且我不會辜負你們的信任，因為我不想因為自己這方面的錯誤，導致這個連結終止。

我開始提出催眠暗示，引領珍妮絲回到這個現實世界，但她沒有跟隨我的指示，反倒比了幾個手勢。

朵：那是什麼意思？

珍：（非常柔和的語氣）我們在對你說「再見」。

朵：我不認為自己可以做出完全一樣的手勢，但我還是很謝謝你們。

接著我帶引珍妮絲回到完全清醒的意識狀態。她不記得發生的任何事。我們兩人陷入的這場「煎熬」，似乎也沒有讓她的身體或心理有任何不適。我在這次催眠裡，從那些存有身上學到了許多。每當探究這種不尋常的領域時，我總會擔心催眠對象是否會有危險，主要是因為我們跨進的是嶄新的界域，我不知道會出現什麼狀況。我也非常小心地監看個案的身體信息，以便能察覺任何沒料想到的情況。那些存有早先就對我說，要我不必那麼擔心，假使有任何問題，他們一定會告訴我。這次催眠證明了他們忠於所說的話。他們警示我無從知曉的突發狀況。我學到了寶貴的一課，也知道了我永遠不必只仰賴自己的專業孤軍奮鬥。我的工作確實受到來自別處力量的指導——來自一個更高的次元。

假使我認為前面的催眠內容令人困惑，那麼我對接下來得到的資料更是毫無準備。我只希望讀者們能夠領會更為複雜的概念。

以下的催眠距上次已有一年之隔。有一回我人在小岩城，但珍妮絲沒能配合。那次她知道自己前一晚到了某個地方，而且這事對她產生了相當的影響，她因此無法出門，更無法開車。她以前說過，有時她坐進車裡，甚至會有不曉得該把鑰匙插在哪裡或不知如何發動引擎的情況。最簡單的事在突然間變得非常複雜，就好像她的腦袋成了一片空白，茫然不知所措。

我在一九九一年的九月去了趟小岩城，為法里胥訪問一些幽浮個案，我試著將珍妮絲的催眠也安排在那個週末進行。開始工作前，我和派西、珍妮絲及幾位友人共進晚餐。用餐時，我們大多在談私事，完全沒有提到幽浮或我的工作進展。珍妮絲的話題集中在一位舊識的男性友人身上，最近他們重聚，而且兩人開始認真交往。雖然持續的幽浮活動仍是她生活的一部分，珍妮絲看來非常開心。

晚餐後，我們到派西家進行催眠。從我們上次見面至今，她經驗了許多次的超自然現象。不過，我們決定不針對任何特定的經歷探討。我們認為最好是順其自然地進行。反正，我和珍妮絲的每一次催眠總是充滿意想不到的驚奇和轉折。

當她躺到床上後，我說出她的關鍵字並開始引導的程序，但珍妮絲打斷我，她說我們必須等到特定時間才能開始。

珍：我們可以在十一點十六分繼續。十一點十六分整。

朵：好的。我的手錶再過約一分鐘就到了。我只希望我的錶是準的。

珍：請在十一點十六分開始。到時候我們就會知道（時間準不準確）。因為如果不是的話，資料就無法匯集至最高點。

這是第一次在催眠開始前就有不同次元的存有在場。通常我們必須刻意尋找或呼喚他們。我繼續進行催眠引導，一邊看著手錶。

珍：你必須再對她說那個字。（指珍的關鍵字）

我將錄音機關掉，說出關鍵字，這樣關鍵字就不會被錄下來。在她看來已進入催眠狀態之後，我才又啟動機器。

朵：你知道你想去哪裡嗎？還是你希望我引導你？

珍：我們要去一處時間的交會點。時間有交會點，你知道的。

朵：是的，你告訴過我。為什麼你想去時間的交會點？

珍：因為那會是一段經驗的開始。它會和許多事情相關，因為它是一個多面向的交會處。

朵：好，你剛才提到的時間到了。十一點十六分。

珍：我在片刻裡，你在分鐘裡。

朵：這是什麼意思？

珍：我們說的是好幾種不同時間的協調。你瞧，當你說到人類的時間，你是用「分鐘」和「小時」。但當你談到另一個界域的時間，那就不是用分鐘和小時來測量了。然而為了要攜帶資料跨越次元時間，你就必須在人類時間的一個特定點上（指某個特定的時間）。否則呈現的資料就不會完整，而且在根本上也不會一致。

朵：不過，這通常很難知道。我們都是在有空檔時進行催眠。

珍：是的，但是如果你找到的個案是在不同次元的時間裡運作，那麼他們就會知道這很重要。一切都必須精準，不能有一分或一秒的偏差。因為會錯過。

朵：就像個入口或通道嗎？

珍：是的。

朵：你想引導要去的地方嗎？

珍：我們在行進時就會找到。

朵：你是怎麼行進的？

珍：我是以光束來行進。以粒子。我是個粒子。就是顆光粒子。非常小，極小。

朵：你在哪裡行進？

珍：（深呼吸）群星間。

朵：你看到什麼？

珍：喔，太美妙了！那是完全的……全然地祥和……全然地寂靜……。就像觸摸絲絨般舒服。

朵：你看得到你要去的地方嗎？

珍：不能，不過我知道我要去哪裡。我不需要看到。我知道當我到了那裡，我就會感覺到。

朵：我是好奇它看起來像什麼。

珍：不會像什麼，因為我不是在物質實相裡「看」東西。我是在一個「身歷其境」的場域裡。當你看到了一個圖案╱模式（pattern），你知道那是一個地方。如果你進到那個圖案裡，你就在那個地方了。然後那個地方變成了你，你變成了那個地方，以致於你不需要看到它，因為你身在其中。如果你希望看到具體的形態，只要要求，你就能看到形體。否則，你是以一種全然不同的方式來體驗。……那裡有一種顏色……玫瑰石英色。所以你會知道自己愈來愈接近。愈接近……愈接近……愈接近。而且你移動得非常快速。你前進得非常、非常快。非常快。但是粒子行進的速度和你心裡所感受到的速度還是不同的，因為粒子的移動速度快到你看不到。

朵：你的意思是它變成無形的？

珍：是啊。它就在那兒，就這樣咻！（她似乎因為看到某個東西而分心）（輕聲地說）好的。

朵：什麼事？

珍：一個交叉點。（分心）那是個……好。一個會合處。

朵：就像十字路口？

珍：是的。當你到了那個點，就好像你在地圖上看到的道路交叉口。

朵：當你到了那個點後會怎樣？

珍：你停下來。你停下來。

朵：為什麼你要停下來？

珍：為了不同的原因。要看你想在哪裡生活。

朵：什麼意思？

珍：在那個點，你可以收集資料，或是進入一個不同的次元和一個完全不同的人生。

朵：你想收集資料嗎？

珍：我們才剛開始，不過我想在這個點上收集資料，因為這是一處門戶，它可以通往我們要去尋找資料的地方。你瞧，現在的情形是我們停下來了，因此人類的時間就可以和這個時間一致。我了解這恐怕不怎麼合理，很難理解，不過沒有別的方法可以辦到了。你瞧，如果你的時間和這個時間不一致，就無法產生連結。因此你必須停下來，然後當時間一致，時間重疊的那瞬間，你就會往前方「投射」出去。……假設你將兩個圓圈放在一起，當它們越靠越近，最後緊密銜合時，你就無法穿過它們。

朵：但你如果穿過了它們，你就可以到資料所在的地方嗎？

珍：我可以到古代，很久遠的時期。我可以到任何你想去的地方。或是去我們需要去的地方。我也可以去創世（Creation）那裡，到上帝源頭。

她深呼吸了幾次，身體有些反應。有狀況發生。

珍：這是資料注入的緣故。……還有一位老師想跟你和珍妮絲說話。我們也要告訴你，你已經穿越了時間與空間……。（聲音改變了）首先，你必須了解和源頭能量（source energy）相關的一些根本原理與基礎。

朵：我向來都很願意學習。

珍：你發現的那顆粒子，事實上是源頭粒子（source particle）。萬物起源於一個光粒子。一切萬有都開始於像你皮膚上最纖小的毛孔般的微小顆粒。如果你能想像一個分子，你就能理解（或看到）極其微小的光。你會知道，在最極終的源頭，你們就是如此。因此我是在告訴你，在「一切萬有」的源頭裡，粒子間相互連接形成了一個源頭能量。如果你在一個粒子裡看到一類模式，而你把那個粒子擺在另一個粒子上，它們在每個最微小的細節上將會完全相符。好，當來自源頭能量的能量變成物質，它沿著光束向下行進——或是離開光束——這要看你的觀念或你希望怎麼說而定。而當它向內，向外爆裂，它就像細胞分裂一樣地分裂，並形成了不同的個體。它可以分裂許多次。它可以分裂一次。它可以分裂數百萬次。當它分裂時，它可以變成男性、女性，或男—男、女—女、男—女。當它持續分裂出去並通過次元的轉換，它在各個次元裡也都會是它在源頭的最終狀態。然後它開始成長。而當它穿越各個宇宙和銀河星系時，它所到的每一處，依然如是，依然與源頭相同。當你把粒子帶入現實實相，用地球的語彙表達，你就有所謂的成對的人。你有的人類是……就像是再分裂出來，再細分的粒子。譬如，類似的人。你會有陌生人立刻成為朋友的情形，因為他們是在源頭層級「再分裂」出來的。……人們很少能彼此融合，只有在較高目標下才會有這樣的和諧。由於人類有改變現實的能力，因此最高善、最終極的可能實相，在這個地球層次很難實現。（這樣的終極實相）結果有賴於整個星球的目標。……人類最高利益的共同目標必須實現，而實現的基礎就在於人們所做的選擇。實現最高善的結果。……你們被鎖在一種能量模式裡，你們最終將回到源頭，回到你們來自的那種能量模式。我現在所說超越了時間，超越了空間，也超越了創世。我是在告訴你，我從創世之外對你說話。創世就是我之前所說的圓圈，人類可以透過它來到這裡。而知道了方法，人類就能回歸到他們的源頭。不過，在此發生之前，你在地球上有工作要做，因為是時候了。就在我對你說話的這個時間，就在我對你說話的這個人類時間，以及跨次元的時間。……我在試著對你解釋「時間」。你必須要了解「時間」。那是你的「工作」。因為那就是你在你的書裡所討論的事。你處理的是跨次元，不同次元間的時間。

朵：還有非常複雜的觀念。

珍：將複雜的觀念簡化，那就是你的工作，這樣一般大眾才能閱讀並說：「哦，原來如此！」人們因此可以開始學習同時活在好幾個不同的人生；了解到他們在這個物質星球所做的每一件事都會影響他們的每一個（其他）生命。他們的軌跡會這麼一直影響下去。那個能量軌跡——從現在我們所在的地方、現在我們所談的內容、你在那裡對這裡的我所說的話——都將永遠留存。不同之處只在於你是在不同次元間轉換。

朵：我一直認為我是被引向失落的知識，失落的資料。

珍：確實是失落的。

朵：我覺得我必須把它找回來。

珍：這就是我的意思。這正是我現在告訴你的。當你被引向諾斯特拉達穆斯的預言時，那只是個開始。只是冰山的一角。你只接觸到表面。當你和他說話，對他來說，那就是實相，因為他的實相就是他所在之處。而他的實相存在著，一如你的實相存在。它永不會停止存在。它只是一種轉移，變換。只是轉移。——你記不記得，我們最初是在十一點十六分開始談話。我們在十一點十六分談話，因為十一點十六分連接到……

（停頓）我想我大概要用張紙來說明。

這個情形以前在催眠時也發生過，但這次我並沒料到。我一邊和她說話，一邊打開包包，翻找便條紙和簽字筆。我從過去的經驗學到要攜帶這些以備不時之需。我把紙筆帶到床邊。她坐起身，我把簽字筆遞給她，把紙放到她另一隻手裡。她費力地睜開雙眼，盯著紙張。

我在催眠工作的早期就看過好幾回這種情形。這個現象很有趣，因為個案的目光呆滯，看來就是一副沒有清醒的樣子，他們總是全神貫注在紙上，專注於他們所寫或所畫的內容，對周遭環境毫不在意。

珍：（她開始畫東西）這是我們在的地方，你和我所在的地方。這是流動的。它一直在移動。它永遠不會停止。

朵：那是什麼？

珍：層級。（畫圖的時候她暫停了說話）我接下來要解釋次元時間。（停頓了很久，畫了許多條線。）這裡還有更多、更多。

朵：那些線代表什麼？

珍：時期。

朵：時期？

珍：是的。

朵：你是指不同的年份？

珍：是的，只是它比「年」更為複雜，因為這裡面可以有許多宇宙和銀河。這要看你前進得多遠而定。你可以從這裡的任何一個時期來到一個無限點。（她邊畫邊說）無限、無限、無限。你、我，每一位在這個實體星球的人……

朵：在那一點上。好的。

珍：然後……上帝源頭。

朵：在那個流體裡。好。

珍：這都是流體。（她寫下日期）噢，嗯……不管我寫哪一年真的都沒關係。你開始移動。不論在哪個時候，能量都是朝這個方向移動。

朵：向前？

珍：還有這樣。

朵：向前也向後。

珍：時間也是。時間也是。

朵：同時往前也往後？

珍：同時。一旦你掌握了去物質化的技巧，當你在身體裡，在物質實相的時候，你也可以變成那個你一開始時的粒子。你可以來到這裡，因為你以前就是在這裡。當你從這裡來到這裡，你通過了所有存在的一切。而你一直是穿越存在的一切。這很複雜。無論如何，你需要知道的是，當你以粒子形式移動時，你來到這裡……

朵：那一年或是時間框架裡。

珍：而且你可以向外移到那個時期裡的任何一生，因為每個時期都不只一個人生。……所以我的意思是，完全有可能以粒子的形式前往諾斯特拉達穆斯的所在處。因為他的存在超越了時間。因為在這裡——這是創世——時間停止了！人為的時間/時代停止了。

朵：在創世？

珍：在創世。你們人類的歷史說上帝創造天（堂）與地（球）。

朵：那似乎是時間的開始，而不是停止的地方。

珍：對人類來說是開始，不過對這裡的這些次元卻是停止。因為在這兩個框架裡，次元是均等的。你們有均等的次元。人類的時間從這裡開始。所有的時間。所有的時間—時間。但我們的這種時間——靈魂的時間——完全不同，但卻一致。這些機制完全不同。你說「一點鐘」，而我們說，「什麼也沒有」！因為我們不需要時間。因為我們就是一切。我們一直都是如此。諾斯特拉達穆斯在這裡和他曾經所是的一切存在，並且繼續他的無限。雖然死亡使他在這裡停止，卻絕不會使他在這裡停止。因此，事實上，你實際上所做的，是來到他死亡的這個點。你超越了他的死亡。你是和活在無限裡的他連結。而那就是你從他那裡帶回地球實相的資料和概念，穿越創世帶回去，回到底下這裡。

朵：當我引導人們回到前世的時候，是不是就是這個粒子前往那些人世並且重新經歷？

珍：是的。

朵：因為其他人世裡的人格似乎永遠不會死亡。

珍：它永遠不死。

朵：我隨時都可以和那些其他人格接觸。

珍：沒錯。你所做的是在振動上連結了存在於這裡的這顆粒子和這裡的這顆粒子。這就很像你說，「噢，我記得一九六四年的聖誕節所發生的事。我們圍坐在聖誕樹下。噢！我拿到一個洋娃娃。」這是在這輩子。但你說的是這個振動頻率。在這裡。……（畫圖）這個振動頻率。你只不過是把頻率調到地球一－九－四－五年這一世。這一世從一－九－四－五開始。這是在這個次元的一個時期。但死亡的時候，這顆粒子會一路行進到這裡。

朵：回到源頭，它開始的地方。

珍：可是，更複雜的是，要看這裡發生了什麼事，它有可能回到這裡。（指向不同日期）

朵：如果它想跳回一八〇〇年代，它也可以這麼做。

珍：然後從那裡回來。所以我們現在進入了物理學的範圍了。還有一些要說的。不過，你需要知道關於愛因斯坦和諾斯特拉達穆斯……那裡有個區域。（她在畫圖）

朵：那是什麼？

珍：它是一切知識。自古以來的，所有的知識。像諾斯特拉達穆斯和愛因斯坦這樣的人就是從這裡開始。

朵：從那個一切知識的區域？

珍：是的。而且他們帶了一區專門的學問來到這個星球。他們現在不見得是回到了這裡（指一切知識的區域），不過，一旦你通過了創世點，你在哪裡都無關緊要了。

朵：他們的潛意識保有較多這類知識？這樣說正確嗎？

珍：正是如此。不過那就是他們來的目的，帶來知識。

朵：帶到我們的時代。好的。如果把那一點火花稱為「你的靈魂」，這個說法正確嗎？

珍：你可以稱之為靈魂，但事實上，在真正的實相裡，你應該稱它為你的「源頭能量」。靈魂是人類對那個源頭能量所稱的名字，因為所有一切都是能量。所有、所有、所有一切，每一樣事物都是能量。現在，這個……（她又開始畫圖）

朵：流體部分。

珍：上帝源頭或流體部分。火花也就是這個流體，它和流體無異。

朵：它是不是就像我們所想的上帝？

珍：可以是。是的，如果你希望的話，它可以是上帝。它可以是最終極的。它可以被稱為任何名字。但它其實並沒有名字。我們不用名字。事實上，一旦你通過這個點，我們都是流體。你事實上是以那個方式（指流體）存在。而你也可以和這裡、這裡，還有這裡融合。你也可以知道一切事物，然後出來。（畫圖）你瞧，我指的是這些重疊

的……（畫圖）

朵：所有的這些小點點。它們都是重疊的。

珍：然後當每個分子都重疊的時候，它們再次分裂，變成它們這三個。（畫圖）它們和另一個能量都是一樣的。每個都一樣。

朵：但最重要的是，我們現在是專注在我們這一生的這一個部分。是這個概念嗎？

珍：當我們（在這裡）進入彼此的人生，我們拿取他們（意指自己的前世）的部分過去，和他們的部分現在。我們在這個物質界跟我們在這裡（指流體）做的都一樣。

朵：在靈魂裡。

珍：沒有不同。

朵：不過我們並不知道其他的人生，因為我們都專注在這一輩子和我們現在所做的事上。

珍：由於我們的振動頻率，所以我們在這裡。當你移動的時候，能量會加速。朝這邊移動時（指往前）就加速。朝這邊移動時（指往後），就慢了下來。

她看來像是畫完了，因此我扶她躺下，讓她再閉上眼睛。在她調整姿勢讓自己比較舒適的同時，我端詳她畫的那張紙。我認為沒有必要為了放在日後的書中而保留。在她畫完後，整張紙都是雜亂的點和線，和小孩子塗鴉沒什麼兩樣。我知道錄音機會錄下重要的敘述。

珍：我們已經讓珍妮絲接觸到一些不同的溝通模式。這是全然不同概念的溝通的開始，愛因斯坦對此（指這種溝通）有非常清楚的覺察。

朵：她談到有一次她躺在家裡的沙發上，所有的資料好似透過一道穿透窗戶的光束對她「轟擊」。那些是影像嗎？符號？那究竟是怎麼回事？

珍：能量模式。

朵：目的是什麼？

珍：能量模式帶有資訊編碼。每個模式含有一組不同的知識。不同的概念。它也可能是某個行星的全部歷史。

朵：就在這些圖樣和影像裡？

珍：是的。因為她的心智能力能夠攜帶且記得這些知識，它的作用就像是一種定時釋出的維他命膠囊。每當人類時間和次元間的時間一致時，就會有個星際間的……（搜尋用字）……重疊，如果你願意的話，它將引發一組情況的演進。這都會被記錄下來，也或許就是被你記錄。你現在所創造出的連結是因為你被信任會正確適當地記錄。而且你的意圖純正。

朵：是的，我被告知不要做任何篩檢。只要記錄所接收到的資料。

珍：而你也從來沒有篩檢。（輕聲地）除了幾次之外。

朵：有時候在幾個部分是必要的，但大多數都維持純粹的原貌。——所以，那就是資訊轟擊的目的。

珍：不，那不是全部的目的。那是其中一項。還有其他目的。另一個目的是她因此帶有一種特定的振動頻率，這和我之前對你提到的計畫有關。那也是為了啓動她已經具有的其他資料。也是為了要整合她內在的不同時間，因為她確實了解交會點的重要。她要經過啓動，來獲得……（搜尋字彙）……啓動已經存在於她心靈裡的一些概念，因為——我們不用「植入」這個字，不過那些概念是已經放到了她的記憶庫裡。因此當它們在實體層面呈現在她眼前時，就會引發這些知識來到她的意識面，然後產生一個整合的時間框架。而在一個源頭層級，在一個能量模式的層級上，這個星球的振動頻率是和各個次元相互連結，並一直連結到源頭。這是為什麼人類不去摧毀他們的星球是如此地重要。因為這種效應會跨越次元，一路影響到源頭。現在，我還沒解釋的是，當我說她有選擇時，是指我們曾把資料放在她的道路。而她將它推開。那是她的選擇。我們引導她去閱讀那些可以啓動特定記憶的書籍。因為她沒去讀，記憶因此沒被啓動。我們提供她可以觸發存在於她記憶庫裡那些概念的具體刺激。但如果她決定或是選擇忽略、不去理會她的機會，那麼我們就必須等待另一次的時間交會，才能重建這一切條件。

朵：所以你認為這是為什麼她應該和我合作，好幫助她釋放這些資料的原因嗎？

珍：是的。我想對你說明的是，珍妮絲是多重面向的個體，她能夠調頻到不同的次元。她確實對於時間和跨次元交會點之間的關係有完整的了解。甚至只要精細地調諧她這方面的知識來瞭解譬如像日蝕這類現象，就能改變你們星球的歷史。如果涉及「三角計畫」（Triangle Project）的每一個人，在特定時間都能出現在這個星球上他們所須身處的特定位置，歷史將會改變。如果有一個人沒就定位，那麼那一刻，那個交會點，那個人類的時－分和多次元時間的關係將再也不會出現。為了讓改變有機會發生，就必須投射到未來的人類時間，跨次元的時間。要不，改變就不會發生。

朵：但我們是普通人。我們並不真的知道自己應該要在某個特定的地方做某件事。

珍：是的，你們知道。你們知道。你知道。她知道。你已經做好準備了。珍妮絲和你有關聯，你對她也是。你跟那些與你合作的人也有關聯。當時候到了，你就會知道的。你到時會這麼想，「我需要做這個。我需要做那個。」而且你會努力去做。記得我對你解釋的交會點嗎？你無法設定它。你的催眠個案也無法設定。它是預先設定好了的。你所需要知道的是，它會發生，但不是和你的時間或催眠對象的時間有關。它會是跟全世界，這個星球的重要性相關，這牽涉到整個星球，就跟你收到諾斯特拉達穆斯資料的情況一樣。

朵：但它最初完全是個意外。

珍：但那是預先設定好了的。你那時是從一個交會點開始。你不可能在其他的時刻做到。在其他時刻不可能發生。不過你必須了解的是，你現在的幽浮工作比你的諾斯特拉達穆斯研究更為重要。我之所以告訴你是希望你有所準備。而且我希望你能夠有系統。你的幽浮工作還沒完成。你和珍妮絲合作所獲得的幽浮知識……有很多是為了你本身的了解。因為當你一一接觸你的幽浮個案，在這一生的某個時候，你會領悟到你自己在這整體裡所扮演的角色與關聯。因此，有些資料並不是為了要公開或出版。你會被允許使用部分的資料。但大部分的資料在目前若被揭露並沒有助益，因為它將引發未來發展的改變。這是因為這些知識傳播出去就會影響振動。你不了解的是，當你的資料散播出去，當你的書籍賣往這裡、那裡、這裡、那裡、這裡、那裡，會發生什麼事？你有沒有想過在能量層面的影響？

朵：嗯，我知道我和很多人都有連結。

珍：在能量層面會發生什麼情況？我們在談能量。會發生什麼情況？諾斯特拉達穆斯的能量會穿透每個讀那本書的人。

朵：很多人寫信告訴我，他們有些感應。

珍：那是因為我對你說的就是他們提到的現象。他們跟你說的也就是我現在說明的。

又接近催眠的尾聲了。我從不讓個案進入催眠狀態超過一個半小時。多過這個時間會產生一些不好的影響，包括瞌睡、沒有生氣和困惑感。

朵：我想我們現在該結束這段催眠了。我會繼續我的工作，當時候到了，其他資料自然會出現。我想謝謝你，不論你是誰，謝謝你提供我這些資料。

珍：我是從時間之外對你說話。從創世之外。

朵：創世之外。超過了創世的起點？

珍：是的。你是個美妙的存在體。我們多次在你身邊。我們指導你收集資料的方向。因為你事實上是我們的翻譯，就如同你是諾斯特拉達穆斯的翻譯，因為他的知識來自這個層級（指一切知識區）。

朵：我在盡我最大的努力整理這些資料。

珍：你做得非常好。

接著我請那位存有離去，引導珍妮絲的意識和人格完全地整合並回到她的身體。那位存有離開時非常明顯，因為珍妮絲開始咳嗽，而且動來動去。在此之前，她並沒有這種症候。接著我引領她適應並恢復正常的意識狀態。

這是我對珍妮絲所做的最後一次催眠。此後，我們繼續各自的人生道路。她主要的顧慮是真實身分能受到保護，因此她的姓名和職業在兩本書裡都做了更動。我會永遠感謝她給予我這麼奇妙的資料，而她對我揭示的概念也持續改變我的思維和我看待這個世界的方式，它們更影響我引導催眠和收集資料的方法。珍妮絲的資訊提供了我一個不同的觀點來看待我們生活的世界，這些信息也讓我知道，我們的確是存在於一個迴旋的宇宙，而在這裡，任何事情都是可能的。

第五章　儲存知識的行星

這段催眠有部分收錄在《監護人》乙書。在我研究幽浮綁架案例的初期，我接觸到一些經歷時間消失現象的個案。透過催眠，他們發現自己是在太空船上和外星人互動。隨著我的工作進展，情況也開始改變。我發現有的個案並非搭上實體的太空船，他們反而是身處某個不屬於物質世界的層面。本書的第四章就是這麼一個案例。在探索的過程中，我已經得出結論：我們對這類工作不能抱有任何假設或預設的立場。因為每當我認為某種模式已然建立，我又會發現偏離那種模式並導往不同方向的案例。這樣的經驗持續擴展了我對向來探究的未知世界的認識。

我曾將以下案例的前部分放在《監護人》書中，藉以說明時間消失的戲劇性過程。不過，由於其他部分不符合那本書的主題，我決定保留在這本書裡，完整地敘述整個故事。

一九九七年期間，克萊拉好幾次來電和寫信，要求進行催眠。這種事因為經常發生，我已無暇再與新個案合作，除非我要去他們居住的城市演說，而且要能抽得出空才行。我不可能跟每個人合作而不累垮自己。在我研究的初期，我經常長途開車到遠地為個案催眠，我盡力幫助每位提出要求的人，但時勢和狀況都改變了。現在有太多人想做回溯催眠，我已經不再在自己家裡進行，而且有演說的當天也不作此安排。我發現，如果外出演說時做太多不同的事，我的能量就會分散。我因此只在幾乎沒有安排其他事情的時候，才為個案進行催眠療程。通常我告訴大家，我會把他們放進等候名單，當下一次前往他們居住的城市時，我們就能安排見面。

克萊拉得知我會在一九九七年的五月前往好萊塢參加一場研討會，因此她來電要求約時間會面。她住在舊金山附近，不過她願意開車南下好萊塢。在這種情況下，我覺得自己無法拒絕，尤其是她願意不怕麻煩地前來。

那次的研討會是個慘劇。缺乏宣傳和規劃是主要原因。演說者都到場了，卻不見人參加。由於沒有聽眾，好幾場演講被取消。那是我參加過最糟的一次研討會，不過這樣一來，我能夠運用的時間就比原先預期的多了。當時菲爾（我的朋友，也是《地球守護者》裡的催眠個案）就住在那兒。他帶我逛好萊塢，將原本的研討會變成了觀光行程。好萊塢是我自青少年時期坐在幽暗戲院裡看著大銀幕作夢時，就想來看看的地方。即便我曾在此演說，我也從不曾有時間好好遊覽，因為我的活動範圍總侷限在旅館或會議中心。研討會後，我也總是必須直接趕赴機場。我們決定好好善用這次機會，我很開心終於能看到這城市光鮮魅力的一面。

因此，當克萊拉抵達時，我的心情很輕鬆，也有充份的時間與她相處。她直接來到旅館房間。菲爾晚點兒會來跟我們會合，他會在大廳等候我們工作結束，大家再一起共進晚餐。

克萊拉是位迷人的金髮女子，大約四十多歲，活潑、聰明、健康情況良好。我試圖從催眠前的談話找出進行回溯的原因或問題。她說主要困擾她的是幾年前發生的時間消失事件。

克萊拉偶爾會因公前往夏威夷參加會議。那次事件發生時，她正在茂伊島上開車。當時已近黃昏，不過天色仍微亮，她正在找一家以前去過的飯店。飯店座落在海灘，她想在那裡邊吃晚餐邊欣賞海景。當她開著車尋找那家飯店時，她發現自己錯過了入口，於是決定再多開一段，找個地方調頭。

茂伊島的這一區種了許多茂盛的熱帶植物，雙線道兩旁都是棕櫚樹。沿途房子不多，而且離馬路有段距離，並不容易被看見。克萊拉終於看到了一條可以迴轉的車道，雖然她心裡意識到，以前開在同樣的路上不曾注意到這條車道。

她開了進去，發現那裡是一處小住宅區，裡面都是模組式房屋（譯注：先在工廠生產製造後，再到工地組合固定的房子）。這些房子位於棕櫚樹群間，環境非常優美。奇怪的是，克萊拉不記得曾在這路上看過這個社區。她將車子開進了車道，正要迴轉——這就是她最後記得的事。下一刻，她發現自己在島嶼的另一端，行駛在一條繁忙的四線公路上。這時天色漆黑，而她完全不知道自己是怎麼到那裡的。

一年後，她又回到茂伊島參加會議。出於好奇，她開上同一條路，想找到當時迴轉的車道。她始終記得那次奇怪的經歷。她開車繞遍了該區，儘管她又找到那家飯店，卻始終找不到那處由模組式房屋組成的住宅區。從此這件事就一直困擾她，也因此促使她進行這次催眠。她想查出當晚到底發生了什麼事，還有她怎麼會那麼詭異地到了茂伊島的另一端，卻絲毫沒有開車到那裡的記憶。

克萊拉是很棒的催眠對象，我毫無困難地讓她立刻進入了深度的催眠狀態。她記得事件發生的日期，因此我引導她回到一九九四年三月，她來到夏威夷茂伊島的當天。她敘述自己站在當時住的「茂伊太陽（The Maui Sun）」旅館前，正要走進玻璃門。她才剛抵達，為的是參加年度的研習會。她喜歡來這裡出差，因為工作之餘也能好好放鬆休息。她很喜歡這家旅館四周開滿的繽紛花朵。辦好住宿手續後，我引導她來到開車去另一家飯店的時候。

克：我從沒在那裡用過餐。我只是曾經經過。它座落在海邊，而我住的旅館是在小山丘上。我很想體驗坐在飯店裡，享受窗户全部打開，聆聽著浪濤沖刷海灘的那種感受。我想去那裡想很久了，但就是從沒去過。

朵：那時是幾點？

克：才剛黃昏。我不知道確實的時間，不過天色越來越暗。因為那裡沒有街燈，視線並不清楚。我正經過亞斯特蘭（Astland）。那個地方很大，我錯過了那條車道。附近有很多樹。車道看起來……嗯，不是很隱密，但我就是錯過了。（懊惱）我就是沒看到。於是我又往前開了一段，想找個地方調頭回去，因為我真的很想在那家飯店用晚餐。

在這一段催眠裡，她有時像是邊開車邊自言自語，但也會回答我的問題。

克：我在開車。然後看到這個地方……好。我看到了這個地方。這是一條死路。很好，看來是調頭的好地方。嗯……我以前從沒看過這裡。（困惑）咦……這裡有漂亮的棕櫚樹和花叢，還有一道籬笆，不過我可以看到籬笆的另一邊。那裡有各式各樣的……（不知道該如何描述）像是模組式房屋，或是很時髦的移動式拖車屋。好……嗯，這個地方很漂亮。

朵：你找到了調頭的地方？

克：是的。是條死路，我現在正在迴轉。（輕聲地）然後我看到這些亮光。（停頓，覺得困惑。）就像……讓人眩目的強光。

朵：光在哪裡？

克：（她的呼吸變快）從天上來的。它就像是光的漏斗。一個漏斗，寬的那一端向下朝著我。幾乎就像……來自太陽的光，就好像你透過樹叢看著這個很明亮、很明亮的光芒。……我感覺這個光有非常強大的能量。（深呼吸好幾次）

朵：是很密實的光嗎？

克：它是像放射狀的光。好幾道光線。

從她的聲音和呼吸，可以明顯看出她正經驗到不尋常的事，而且有一些不安。

朵：你還在開車嗎？

克：沒有！我就是存在。我存在。

朵：什麼意思？

克：（無法置信的語氣）感覺上我就是這個光的一部分。

朵：你還在你的車上嗎？

克：沒有。我感覺我正在飄浮。就好像我是光的一部分。（深呼吸幾次）我就只是光。彷佛超脫了時間和光……。我像是在移動。我要去某個地方，但我不知道我要去哪裡。不過沒關係。（她絕對是沈浸在這個經驗裡了）飄浮的感覺……。移動的感覺……。穿過顏色，穿過時間，穿過空間，穿過……（深呼吸好幾次）很愉快。

朵：你能看到的就只有顏色嗎？

克：（慵懶緩慢地回答）一些顏色，還有金色的光。非常平靜。（她很放鬆地吐了一口氣）這感覺就是我是一切，一切就是我。萬有一切就在那裡。萬有一切就在這裡。萬有一切存在。

朵：你有正在移動或是要去哪裡的感覺嗎？

克：是的。向上移動。上升。移動到另一個地方和另一個時間。

朵：讓我們看看你要去哪裡。

克：（遲疑）我覺得好像著陸了。這個地方看來就像……（大嘆一聲）很難描述。

她找不到字彙來描述她周圍的環境，不過她似乎是降落在非常平坦，而且有著好幾個尖塔的地帶。「它們就像建築物。花崗岩一樣的灰色。閃爍著色彩，但灰色比較多。它們像花崗岩一樣閃耀發光。」

朵：你想去那裡嗎？

克：我想，但我覺得我有些抗拒。這真的太特殊，太令人敬畏了。（她的情緒變得激動，開始哭了起來。）來到這裡！就像是……（她大哭了起來）

很難理解為什麼看到這個景象會令她情緒激動。

克：我從來沒想到我還能再看到這裡。（她在哭泣）

朵：請解釋你的意思。

克：就好像我回到了家。（她放聲大哭）

朵：你認得這個地方？

克：（啜泣）是的。我認得這裡。不過是在很久以前。我並不確定自己還會回到這裡。（啜泣）這感覺真好……。

在試著安撫她的當下，我打了個寒顫。那是種似曾相識的感覺，因為聽來就跟菲爾無預期地到了三尖塔星球看到的情景和體驗到的情緒一模一樣。這就是菲爾稱為「家」的地方，而且他知道自己已經離開了很長一段時間，以為再也看不到那裡了。這一段情節寫在《地球守護者》。克萊拉有可能來到了同一個地方嗎？

朵：你有看到任何人嗎？

克：（吸了吸鼻子）沒有，我現在沒看到任何人。我才剛到……（她努力恢復正常）

朵：你的意思是，這是意外。沒有料到。

克：我非常訝異。我……我沒想到還會再來這裡。而且來到這裡好像是很突然的事。我像是已歷經滄桑……。而且經過了很漫長的時光。（她仍然很激動）……才來到這個地

方。（哭泣）

朵：這裡聽來像是個特別的地方。（我知道我必須讓她平復情緒，才能繼續這個故事。）告訴我現在的情況。

克：我正在看……我好像是搭乘了這道光來到這兒。還有……（停頓）我看到人。

朵：人在哪裡？

克：（情緒漸漸平復）是一群人，他們從建築物附近走來。

朵：他們有沒有看到你？

克：有。而且我對他們來說，長得很奇怪。（又開始啜泣）

朵：為什麼？

克：因為我不像他們是灰色的。我是光。我是光的存在體。他們很好奇。不過我也很好奇。想知道這是怎麼回事。

朵：他們看起來是什麼樣子？

克：他們的頭是棕色的，而且……（手勢）他們的頭看起來像這樣。

朵：（我設法解讀她的手勢）你是說，有點長橢圓？

克：有點橢圓。他們的下巴幾乎是尖的。而且幾乎就都是頭，沒有什麼身體。你就只看到頭。

朵：你能看到任何臉部特徵嗎？

克：我主要是看到「智力」。而且是非常……

她有困難說明，但至少她不再哽咽哭泣了。

朵：他們有穿什麼衣服嗎？你看得到嗎？

克：像是種緊身衣褲。都是一個顏色。灰色，發亮。

朵：你剛剛說在這群人眼中你是發光的？

克：我就是光。而且他們似乎對我是光體感到好奇。他們離我很近。他們試著碰我。我有點擔心。我不知道會發生什麼事。他們想碰我。

朵：你看得到他們的手嗎？

克：可以。他們的手有些細長，只有……喔，他們的手指頭……。我看到三根，然後是很細小的小指。幾乎等於沒有，就跟殘肢一樣。他們就是想碰我。

朵：他們碰得到光嗎？

克：是的。那會是愛的感覺。

朵：你剛才很擔心。

克：是啊。然後當他們越靠近就……（她的表情和聲音顯示這是個愉快的感受）他們很好奇。

朵：但現在你並不覺得困擾了。

克：不會。沒事了。

朵：他們知道你是什麼嗎？

克：他們似乎知道我是什麼，還有我是誰。我們一起朝著建築物走回去。他們告訴我，我是他們的一份子，但我離開這裡去擔任調查員收集資料。因此我必須以光體前往，好穿越時間。現在我已經收集到資料，並帶著它們回到這塊土地。

朵：你已經離開很久了嗎？

克：非常久了。一段非常、非常、非常、非常……非常久的時間。

朵：可是他們還認得出你？

克：花了些時間。他們說他們很好奇。他們並不確定那是我，不確定我就是奉派去收集資料的那位。現在他們認出來了。他們知道我就是被派出去的那位。

朵：有很多人被派去做這類工作嗎？

克：大概每一、兩千年就有一位。

朵：為什麼他們要你去收集資訊？

克：去取回這裡以外的知識，這樣知識才能保存。才不會流失。

朵：你的意思是，那是和他們歷史無關的知識？

克：是的。是另一個時間和空間的歷史及知識。

朵：如果那不是他們的歷史，他們為什麼會有興趣取得那些知識？

克：因為他們聽說過其他的地方，而且他們可以從這些知識裡學習。這些知識不該遺失。

朵：那麼他們是希望你去發現他們所沒有的新資料？

克：從別的地方取得他們不知道的新資料。這樣他們就能收集起來。

朵：難道他們沒有其他方法找到這些資料嗎？

克：他們時不時會挑出人選。然後這些人會選擇要去的其他星系、存在於別的空間的時代和地點，為的是收集和時間、空間、地方的相關資料。然後再把資料帶回這個空間。這是為了學習。為了成長。為了擴展。因為隨著這個時空學習成長和擴展，它就會分離。它會變成另一個時空。

朵：你的意思是它只能透過知識來擴展？

克：透過知識。

朵：他們有方法旅行到其他地方取得知識嗎？

克：他們以光束前往。這些光束有時是橢圓，圓形球體。從某方向來看，像是銀色，而且是長橢圓。而從另一個方向，看起來是圓形。就像個銀色的盤子。……你就這麼在空中遨翔。

朵：那是堅實，是實體的東西嗎？

克：是的，是的。

朵：因為你剛剛也說他們就像光束。

克：他們是光束。他們可以是密實的實體，也可以是純能量。只要是適合那個地方（的形態）。我們可以以純能量或實體的圓盤，前往我們需要去的地方。

朵：他們難道不能用這種「設備」去收集知識嗎？

克：他們可以。但是選擇前往和被選上前往的生命體，都是為了體驗而去。

朵：你的意思說，如果他們用他們的機器前往，他們就不能體驗？

克：不能。他們本身可以以圓盤，或飛行工具，或就是這個存有本身前往。他可以是飛行載具，或者飛行載具也可以是他（指外星生命體）。

朵：那麼就不必有肉體的形式了？

克：不必。

朵：可是，你看到的他們是肉體形式啊。

克：他們變成肉體形式是為了要讓我認出他們。因為我離開的時候，他們就是那個樣子。

朵：那麼在你離開後，他們已經不再需要這個肉體形式了？這樣說正確嗎？

克：他們並不需要肉體形式，不過他們變成肉體形式是要讓我能認出他們。在我離開後，他們已經逐步提升到可以是純能量的層次。他們以物質形態出現，這樣我才認得出他們，看出那就是他們在我離開時的模樣。我以前就是像他們那樣。

朵：自從你離開後，他們已經變化到再也不需要身體了。

克：如果他們這麼選擇的話。如果他們選擇是純能量，他們可以是純能量。要不，他們也可以是身體，或圓盤，也就是飛行載具。（譯注：這點很有趣，克里昂也說過：「人類所見的幽浮常常不是『幽浮』，而是一個實在的存在本體。」）

朵：但他們還是需要搭乘某個東西旅行。

克：不必然。我就是以純能量的光從別的時空回到這裡。他們給我看他們的形體，是要讓我記起我回到這個同溫層（stratosphere）（譯注：同溫層為大氣層中的一層）這個……這裡並沒有大氣層。它只是……

朵：他們居住的這個次元或世界？

克：是的。他們居住的這個世界，這樣我就能認出我們曾經使用那種圓盤。如果我們需要到另一個世界，我們仍然可以使用圓盤。我們可以使用圓盤，或就是使用純能量。那是為了讓我記得我離開前的那段時期。

朵：不過，獲得知識的最好方法，還是派一個像你一樣的人前去「吸收」？這是個適合的字嗎？

克：這麼說是適合的。吸收知識，是的。

朵：而現在你回到了這裡和他們分享知識。但你並不是要回來留在這裡？

克：我要留下來或是要前往另一個世界取得更多的資料和知識，這會在以後決定。

朵：好。不過你剛剛說你們朝建築物走去。

克：我們走進這個圓形的房間。我們圍著圓桌坐下。這像是存在體的會議。我在那裡分享我在其他世界所收集到的資料。

朵：你怎麼跟他們分享這些資料？

克：我們坐下來……就像有身體一樣。（她有困難說明，不過她在微笑）我們能夠在精神感應的層次上分享這些資料，或是用口語交談。思想模式……我們的思想交流有時候會因為團體裡的某人所說的話，一些……（微笑）幽默好笑的話而被打斷。帶點跨行星的幽默話。

朵：是你說的某些事讓他們覺得好笑？

克：是的。而且他們也說些我覺得幽默的話。所以這是以聽覺的方式溝通。我也像是在把所有資料輸到一個電腦資料庫。以精神╱心靈感應的方式把收集到和學到的資料，灌入他們的電腦資料庫，輸入他們的系統裡。

這個情形也發生在另一個個案──邦妮──的身上。當時她在公路上開車，外星人將她連人帶車帶到一艘巨大的太空船裡。他們把某個裝置放在她的頭上，將她的記憶複製並傳送到某類電腦。這段情節寫在《監護人》書中。

朵：你看得到這些系統嗎？它們在這個房間裡嗎？

克：不是的。那是在他們的腦裡，在他們的心裡和存在裡。

朵：所以資料是從你的心裡傳送到他們的心裡。（是的。）那是你離開這裡之後，去過的所有世界的資料。（是的。）是你活過的所有人世，還是只是你去過的不同世界？

克：只是從各個世界取得的資料。（譯注：依後面的問答，克萊拉的回覆顯然是指向來的作法，不單指這一次。）

朵：那麼你並沒有真的在這些你跟他們討論的世界裡生活過了？

克：我曾經在別的時間去過其他的世界。不過，這次我只去了一個世界收集關於他們的文化、他們的世界和制度的資料與知識。然後帶回來。……這個地方似乎是收集來自所有世界的資料；從其他世界取得知識，然後帶回到這裡。這裡就像浩瀚知識的儲存地，來自所有宇宙、所有星系和各個地方的一切知識都在這裡。這裡就像個聚集地。像是一個涵括了來自所有時空資料的超大型圖書館。

朵：如果資料是儲放在那裡，那麼誰有管道取用呢？

克：每個人都可以。所有星系裡的每一個人——如果他們知道如何接通的話。這是一個資源中心。每一個人都能接通。只要有「鑰匙」就可以做到。

朵：你透過傳送所發現的資料，你現在也是那個知識儲存地的一部分。但你說，你去了一個世界收集資料，那是哪個世界？

克：那個世界是地球。

朵：你必須在地球生活，經歷不同的人世，才能收集資料嗎？（是的。）那麼你已經離開非常久的時間了。（是的。）你一定有很多資料要分享。

克：（深嘆口氣）比我能想像得還要多。

朵：但聽起來傳送的速度非常快速。

克：是的。它比光速還快。儘管收集資料要花上很久、很久的時間，要歷經許多人世，但在這個資源中心，也就是我目前所在的地方，資料可以非常快速地被散播。它可以被傳送。它可以流經我的系統，在很快的時空裡到達它需要去的地方。因為在這裡，一切都是「現在」。這裡的一切都在當下發生。

朵：而且這些資料在那裡也很安全，因為是儲存在這些存有那兒？

克：資料和那些存有一起，而且也存在於這裡的一切事物裡。在岩石裡、建物裡，這裡的一切都吸收資訊。就好像每個東西都是一個電腦資料庫。所有的事物都吸取這些知識。這裡的所有一切都變成了這個知識。所有一切都成了我現在帶回來的一切。

當菲爾在三尖塔行星的時候，他也說一切知識都可以在那裡取得，而且知識是儲存在行星本身。這個資料在《地球守護者》書中。

朵：如果有像我一樣的人想要找到這些資料，該如何取得？

克：那要靠一把特別的鑰匙。那把鑰匙就是進入你自己內心，因為進入自己的內心，就是取得知識的鑰匙和關鍵，你的心就是一切知識的所在。而任何人，來自任何時間與地點的生命體，都能依其自身意願和渴求而取得。

朵：你是說，他們必須先渴望知識？

克：是的，而且知識是透過愛而來。你不必來到我現在的這個地方，不必來到這些存在體的地方。只要要求（得到這些資料），就會得到。它們就會被給予。

朵：聽起來你在執行的是非常重要的職務。

克：那就是我的目的。我就是為了這個目的存在，這就是我要做的。

朵：你要和這些能量體待上一段時間嗎？

克：一直是待在一起的。

這讓我很震驚。倘若她是留在那裡，那麼躺在好萊塢這張床上跟我說話的克萊拉，她這個身體又是怎麼回事？難道有部分的她留在那兒，但同時也在這裡？我總會擔憂對催眠對象造成任何傷害，而這個回答又很奇怪。

朵：我的意思是，你是不是留在那兒，直到他們取得知識為止？

克：不是。我會一直留在這裡，直到奉派到別的地方或別的時代進行另一項任務為止。那可能是前往類似地球的另一個世界，另一個地方收集資料。

朵：可是，我在想的是現在在地球和我說話的身體。克萊拉的身體。現在和我說話的這個能量會回到那具身體裡嗎？還是分開？我想了解這究竟是怎麼回事。

克：它是一體，是相同的。

朵：但你說，這個能量會留在那裡等候另一項任務？

克：沒錯。

朵：但它也是地球上這具身體的一部分？

克：沒錯。

朵：它怎麼能夠同時在兩個地方？我可以知道嗎？

克：（深深嘆了一口氣）她不懂。

朵：有任何方法你可以幫助我們瞭解嗎？

克：（意味深長的口吻）這個存有被派到身體裡並進行資料收集。我是她的一部分，我已經完成收集資料的工作，現在正把成果帶回這個知識之地。這個資源中心。這個圖書館。她很難了解並領會她可以在那裡收集資料，而我可以在這裡傳播資料，或是說，把資料帶回來。於是會有那麼段時間——對她而言——能量是分裂的。她不知道她究竟是在哪個地方。

朵：這也發生在其他人身上嗎？

克：是的。還有其他人也有類似的人世經驗。

朵：那種同時出現在兩個地方的感覺。

克：是的，是的。因為有很多存有被派出去。如果讓一個人去收集所有的資料，那責任就太重大了。

朵：我想那幾乎是不可能的。

克：是的，是的。因此派了許多位出去。當我現在在這裡，還有克萊拉以身體形式在那裡（指地球）的時候，就有其他存有正要前往別的世界。我希望她（克萊拉）在那個肉體形式裡能收集到更多資料，傳送給她的「我」這個部分——那個把資料帶來這裡的

「我」。

這超過了我能理解的範圍，我需要更深入地研究。我認為我應該將主題拉回我們最初探討的經歷。

朵：你能不能解釋當她開在夏威夷那條路上時，發生了什麼事？為什麼她會變換了地點？那時候她的身體還在那輛車上嗎？（沒有回答）我們正在回顧她開在路上，來到那處迴轉地點的時候。

克：她是在那個時間和地點被「送到」那兒。因為那個地方是為了她才顯現（物質化），這樣她才能進入那個空間，而這部分的我，也才能離開並把資料帶回資源中心。當資料在這裡傳送的時候，並不適合讓她回到那個特定地點。因此她被帶到一個……她在那個身體裡熟悉的地點，這條公路上的「佩拉諾尼」（Pelanoni 音譯）。那是她知道的地方，所以車子才會出現在那兒，這樣她也才知道要怎麼開到她當時想去的飯店——在「我」這個部分離開了她的身體之後。

朵：所以那次轉移（指一部分的她到了儲存知識的行星）必須是在夏威夷的某個特定地點

和時間？

克：不見得。那只是一個她在身體裡會覺得舒服的地方。為她創造出的那個空間有她喜歡的美麗景色。那是一個她可以徹底和全然放鬆的地方，因此她這一部分的我也才能離開她的身體，來到這裡傳送資料。

朵：那麼那輛車，連同她在車子裡的身體，實際上是被帶到島的另一邊的另一條公路上？

克：沒錯。那只是去物質化，然後在另一個地方回復為物質形態。

朵：連人帶車從一個地方移往另一個地方是常見的情形嗎？

克：噢，是的。噢，是的。

朵：這種事經常發生？

克：經常發生，經常發生。

朵：當這種情況發生時，身體也是去物質化後再成形嗎？

克：是的。

朵：這對身體沒有傷害？

克：沒有傷害。身體變成純能量。

朵：那麼她和車子只是從一處被移到另一處。

克：沒錯。

朵：所以當她恢復意識的時候，她已經在島上的另一個地方。而且那時候也在開車。

克：是的。

朵：而直到這一刻，她對之前發生的事完全沒有記憶。

克：是的。

朵：這個情形在她身為克萊拉的這生是唯一的一次嗎？

克：發生過許多次了。不過這一次是發生在她願意探討，願意知道發生了什麼事，以及怎麼發生的時候。其他幾次的時機並不成熟，那時她還沒準備好去瞭解，或者說，那時她在地球的物質生命還沒有成長到可以理解這種事的時候。

朵：也或許那些事件並沒有這麼顯著，因此她才不記得。

克：沒錯。

朵：所以這次是因為發生了不尋常的事，她才會記得。

克：沒錯。

朵：她現在可以知道這些資料了嗎？

克：是的。她應該知道這些資料。她一直渴望知道。她現在也可以瞭解。這對她會是開心的收穫和幫助。

朵：這很重要。那我可以再安排時間和她的這個部分（指目前對談的能量體）溝通嗎？

克：噢，可以。我們喜歡溝通。這就是我們的工作：溝通。

朵：因為我曾被告知，如果我想獲得資料，我可以有管道取得我需要知道的任何事。

克：沒錯。你被賦予特殊才能和天賦，收集亙古以來沉寂、被封鎖、被隱藏、被掩埋的資料。而現在是時候了，我們透過這個載具和你進行這次溝通，這樣你就知道並且意識到你是在做一件偉大的工作。現在也是你以你被選定的方式，在地球傳播這些資料的適當時機。這個時候知識也被允許透過這些來源（指個案）傳遞，其他人將會知道每個人都有能力更深入地探究自己的內心，也就是更加了解他們自己。他們因此能認識過去和未來，以及在所有宇宙裡正在發生的一切事情。因此，是的，你可以取得資源中心裡的所有資料。而且我們對你表示感謝。

接著我請那位存有，或那個部分，或不論什麼的退場，然後讓克萊拉的人格完全回到她的身體裡。這種能量的釋放或改變總是非常明顯，因為催眠個案的呼吸在這時候會變得沉重。我帶引她回到「現在」，並回到意識完全清醒的狀態。

等克萊拉完全醒來後，我打電話到旅館櫃台請菲爾上樓。我認為有必要讓他們兩人見面，因為他們的經驗非常類似。當我向菲爾介紹克萊拉時，菲爾很困惑，因為他知道我為了保護他們的隱私，對於揭露催眠個案的身分向來非常謹慎。但在我解釋了剛剛發生的情形後，他們兩人都變得十分激動。就好像兩個靈魂相遇，立刻認出了彼此的連結。他們交談並描述對這個有著尖塔的奇異行星的相仿記憶。那是個很情緒化，在邏輯上來說也有些奇怪的場面，因為我們都知道他們只是短暫地回到了「家」，但心靈的感受卻是無比震撼。

在二〇〇〇和二〇〇一年期間，我發現有別的個案也是同時出現在兩個地方，或是由另一個觀點提出說明。其中一位女士在催眠時沒有進入前世，她反而是到了靈界參加一場老師、指導靈和大師們的聚會。她說她的這一個部分始終留在那裡，而那個「她」，有一部分的工作是要監督她在地球上的進度，並試著在潛意識層面提供建議。

二〇〇一年，就在本書要付印的時候，我又發現了另一個類似案例。不論是誰在「另一邊」主導這場戲，顯然已經決定是釋出這個資料的時候了。有位女士在回溯前世時，描述自己是一名住在希臘偏遠地區的男子。他並不屬於那裡，他只是在觀察、在聽。我帶引她往時間前移，想知道她來自何處，結果她發現自己在一個黑暗的行星上。那裡一片灰，只有幾棟建物，沒有任何樹木。絕大部分的東西似乎是在地表之下。她發現自己在一個奇怪的身體裡。據她描述，那是魚類的身體，但又比較像蜥蜴——有張大嘴，巨大的雙眼，形狀奇特的頭，背部有塊突起，還有條尾巴。她說她是個觀察員，在歷史上的不同時期被派到地球觀察。在那些時期，她採用當時地球生物的外觀：她是一個觀察員和資料收集者。當我試圖引導她前往生命的最後一天時，她說並沒有最後一天。她目前的人格仍是那個觀察員。那就是她的工作。

曾經有許多關於變形者的說法。如果真有此事，我認為他們是能夠以好幾種適當形態存在的生命體（能量存在體也能夠創造出他們選擇的任何外形/形式或是身體。）我的結論是，這些變形者並不擁有權力，也不能做決策，因為他們是觀察者、資料收集者和報告者。這和巴多的情況相仿，由此看來，這樣的角色從太初就已經存在。

因此，這個現在正在地球上生活的我們的這個部分，似乎只是一個更大的、遠為恢宏的**我們**的一個細小片段，或是分裂出的小碎片。與其說只有一個，不如說有很多個我們，或者說，我們只是更為複雜整體的一個部分。我們只能聚焦在這個我們認知為整體的碎片上。但這是件好事，因為如果我們察覺到這麼複雜的情況，我們將無法在這個世界或實相裡運作。我們只被允許看到這個遮掩住遠為巨大全貌的表象。也直到現在，我們才被准許一窺帷幕後的真相。

克萊拉聽說我會再來加州，她希望能再有一次催眠。我下禮拜必須回來，在帕薩迪納市（Pasadena）舉行的圓滿人生博覽會上演說。這一次克萊拉改搭飛機，我們的時間足以進行一次療程。由於我們被告知可以獲得想要的任何資料，因此我想特別專注在有關地球謎團的問題上。我並沒有告訴克萊拉我有興趣探討的主題。當然，我從過去的經驗已經知道，知識的監管者對所有的問題並非有問必答。我也已學會了不去強求，能得到什麼就接受什麼。我向來有很多問題，也隨時可以進入另一個主題。

在這次的催眠中，我問了許多他們不曾解釋的主題，這些答案將放在「地球謎團」（譯注：《迴旋宇宙1》）。我沒能得到關於金字塔的資料，因為時機未到，他們拒絕回答。不過我還是獲得了和這個主題相關的其他資訊。

朵：我之所以問到金字塔，是因為你說過三尖塔星球，那整個行星——所有的一切、岩石、行星的每一個部分——都已經變成知識的儲藏所。（是的。）地球不是這樣？

克：地球上的萬物都有這些知識。它就在人類的心裡，只要人類願意敞開心靈，接受心靈的無限可能與廣闊。以地球人類目前的心智發展來說，必須要有一個他們能夠觸碰和感覺的有形場所，譬如說，圖書館。那是知識的所在，知識被保存的地方。是一個你可以去的場所。因此在地球上有這麼一個可以保存所有知識，保存關於人類和所有造物，以及地球和宇宙一切知識的地方是可能與合理的作法，而這些就是存放在金字塔裡。人類若能將他的心靈開放到其原本完整的能力，那麼他就會知道，所有知識都存在於他的內心。

朵：是的，的確如此。我從工作中發現，我們可以用這種方法接通知識。

克：是的。

朵：不過在意識上，人們始終不了解這點。只有在他們進入了出神狀態，當潛意識運作時才能如此。

克：沒錯。而這就是為什麼你被選來告訴人類，告訴地球上的人們，這是一個擴展心智的方法，讓人們知道所有存在的知識都在內心。作法就在於找到接通那些知識的方式。而透過你的方式，你顯示並證明這是可以辦到的。……會有些人不相信，不過當你開始讓資料透過你接收和傳遞，就如你向來的作法，那麼接受度將越來越高。最後，會有越來越多的人接受這是取得存在於每個人內心知識的一個方法。而或許在未來的某一天——希望是不久的將來——人們可以在較為清醒的意識層面就接通這類知識。

朵：我一直都這麼相信：知識並不會因為人死了好幾世紀而被毀滅。它依然存在於潛意識心智。

克：它是存放在DNA的細胞層級。因此即使一個人可能由肉體轉化為純能量體——就像我現在一樣——你還是永遠不會忘記。

朵：所以只要你找到接觸的方式，你永遠可以取得知識。

克：是的。知識在每個人的內心。資料就在那裡。

朵：我常常懷疑金字塔還有我不久前才去過的秘魯古蹟，比我們以為的還要古老。

克：馬丘比丘？

朵：是的，我去過那兒。我看得出它有不同的建物結構，我認為是在不同時期建造的。

克：馬丘比丘經歷了不同的時期。有些比其他的要新近得多。就像有兩種文明。事實上也是如此。

朵：薩滿巫師也是這麼告訴我們：印加人並沒有用巨石建造那裡的主要建物。

克：沒錯。印加人是在如今你所見的原始遺跡，原本的文明和城市建好之後的許多世代、許多、許多、許多年之後才出現的，這些遺跡建造的年代遠比印加時期早得多。印加人是在另一個文明離開這個星球很久之後，才住在那裡的。

朵：這就是我的想法。薩滿巫師也這麼相信。印加人到了那兒，只是利用他們所發現的遺跡。

克：是的。他們發現了一個非常理想的棲息之所。因此他們說，「我們幹嘛動手建造，這都已經為我們造好了。」

朵：他們建造的部分建物，比原有的遺跡遜色許多。

克：沒錯。因為他們已經失落了早期文明所達到和擁有的知識與成就。

朵：原來的居民怎麼了？他們彷彿就這麼消失，離開了他們的城市。沒有人知道他們到底怎麼了。

克：他們已經演進到一種不再需要肉體形式的振動層級。他們到達的層次非常純淨，他們變成了純能量。你可以說他們從人體的密度或質量，或是從你所知的肉身形態中「消失」了。他們不再是你所知的物質形態。由於這些城市是亞特蘭提斯的生還者移居到秘魯後所建，因此他們本來就已經是在一個比較高的演進層級。當他們來到這個星球時，他們便是在一個比較高的振動層次。而那些後來離開並建立其他社群和文明的人，由於他們將自己與整體分離，喪失了較高的振動頻率。這個整體是指當時的那整個文明，當初他們從別的星球回來後所創的文明。當他們離開原本的文明並建立其他社群和你可能會稱為的小型文明，他們開始失去他們較高的振動頻率。他們的頻率變低，因此變得濃密，而且愈來愈濃密。最後就成為你今天所知的稠密的物質—肉體形式。

朵：高度演進的那群提升了振動頻率，達到一個改變的臨界點？

克：他們完全改變了形態。不再有密度。他們變成了光。

朵：當他們變成了光，他們還存在於地球上嗎？

克：他們今天仍然存在。

朵：為什麼我們看不到他們？

克：因為他們在相當高頻的能量上振動，他們不再需要如你所知的肉體形式。而那並非肉眼可見的形式。

朵：可是他們在做什麼？他們還是在過他們的人生嗎？

克：他們仍然有生命，有所謂的人生要過。他們常擔任指導靈，你知道指導靈是什麼。如果有個存在體或能量在你眼前出現，它非常可能就是已經達到了很高的振動層次，變成了你們所稱的「揚升大師」。這整個文明，作為一個群體，他們是一個「單位」。作為一個「單位」，他們整體一起演進到了一個不再需要肉體形式的境界。

朵：當他們演進時，原來的身體怎麼了？

克：身體消散了。

朵：他們去的那個地方像是片土地嗎？一個城市？

克：是的。他們可以在任何城市。任何城市、任何地方都可以是他們的家。而且還有你們所稱的「以太城市」。這些城市就像你們的城市，只是所在的振頻比人類的高階，你也知道的，人類的眼睛無法看到。但這些城市是存在的。

朵：他們以這種光的形式存在。

克：以光的形式，是的。假如你能提升你的意識，到達不再需要濃密肉體的層次，那麼你就能看到這些城市。你能自由進出，做你的日常瑣事，就跟你在濃密的軀體裡沒有兩樣。不過，讓我這麼說，（到時）你的振動層級是非常純淨的思想。你的思維如此純淨。你的生命如此純淨，所有的一切都是正面的。你到達了一個你的敏銳度、你的振動和你的能量層次都非常高階的頻率，你不再需要身體了。所以你到了那個依然存在的地方（只是肉眼看不見）。

朵：不過聽起來，他們在那個地方並沒有死亡這回事，如果他們都是純粹的光。

克：不會，你不會死。你永遠不會死。即使是在濃密的形式，你也不死。

朵：我知道，你只是改變形態。

克：是的。你只是改變到不同的振動。而或許在某個時候，你可以到達那種振動。你可能「超越」。因為就算你離開了你所知的濃密肉身形態，還是可以成長和繼續發展到其他的振動層級。有許多不同層級的振動頻率。

朵：如果他們「超越」並全體到了那裡，在那個層級裡，他們仍有業要償還嗎？

克：當你到達那種振動層級，如果你以次元來想的話，那就是遠超過第五次元。那時你已經圓滿了所有該平衡的業力。因此當你到達那個振動層級，那裡並沒有業（意即不受業力影響）。

朵：那麼他們可以永遠待在那裡？

克：隨他們想待多久。

朵：即使他們不會死，他們可以決定繼續並做別的事嗎？

克：他們可以選擇回到肉身形式。他們可以決定，「噢，那真是太好玩了，我們為什麼不再試一次。」

朵：不過他們有可能再困陷在業（因果）裡。

克：那是有可能的，是的。

朵：我在試著把這些和其他我聽過的事做個整合。這個情況和地球人死後，離開了身體所前往的靈界並不一樣。這些存在體是在不同的地方嗎？

克：可以是一樣的。這要看那個靈體的成長而定。如果是剛轉換／過渡到死後世界，他們身處的振動層級有可能跟這個社群（指亞特蘭提斯後裔）相同。也或者是要進一步成長後，才能到達那個地方。這要看那個人在過渡時（意指死亡）的開悟狀態而定。

朵：那麼今天在地球上的大多數人，由於是在平衡因果，因此當他們死後離開身體，他們必須一再返回人世。那麼顯然秘魯的這些人「離世」後是到了另一個地方。

克：是的。他們是以群體形式而不是以個體形式超脫的文明。

朵：所以，那大概就是我們試著要達到的：到達我們不必再回來（地球）的層次。

克：那就是終極目標。

朵：我聽過終極目標是要回到創世者，回到上帝那裡。

克：就是這麼回事，進到光裡，也就是源頭，那是你會稱之的上帝。

朵：是的，祂有許多不同的名字。

克：許多不同的名字。你選擇要怎麼稱祂。

朵：那麼這些人，我假設你會說，他們和創世者非常接近。

克：非常接近。非常接近。因為那是以團體形式前往的文明，而且他們是以一體前往，你可以這麼說，和上帝的心並沒有距離。那是和上帝成為一體，也就是和全體成為一體，和萬有一切成為一體。成為萬有一切。因為最終目標就是與上帝合一。而當你意識到你和上帝分離時，你和祂就不是一體的，因為人類一直以來都費勁地想脫離上帝。靈魂的終極目標就是回歸上帝，回到我們最初來自的地方。

朵：是的，這對我來說很合理，我能瞭解。還有別的文明也完成了這種集體的轉變嗎？

克：許多文明做到了。

朵：有沒有任何文明是歷史上我們所熟悉的？

克：沒有，不是在你們所知的歷史裡。

朵：那是在有歷史之前？

克：在有歷史之前，是的。

朵：亞特蘭提斯人似乎死得很慘烈。當我們遇到大規模災難的時候，會是不同的情況嗎？

克：（打斷我的話）針對大規模災難，我要說一件事。不論是一個文明，或是一群人——那些靈魂，那些存在體選擇了在那個時候，以那個方法前往另一個層級。或選擇去另一個他們可以用不同方式成長的地方。那是個選擇。

朵：你一定看得出來，我有很多疑問。

克：是的，你是的。你的問題很好。這是你被選上，也是我們希望和你分享這些知識的原因，這樣今天的人類才能擁有這些我們都曾經不能接觸的祕密和資料。我們希望和你多談談，多告訴你一些事。克萊拉的工作和你所做的大致相同，不過是在不同的方面，意義不同。……你是向人類報告/說明（知識），而她則是和人類接觸，收集資料並回報給我們。這是為什麼會有許多各式各樣的人士，被送到你這裡，提供你資料。

朵：但隨著我的工作進展，資料變得愈來愈複雜了。

克：那是因為你開啓了更多的門戶。而當你允許自己開啓了更多的門，當你跨進那些門，其他的門/機會也跟著打開，於是其他實相和遠為複雜的資料就會交付給你。能和你一起探索這些資料是榮幸的事。

朵：我會努力，絕不辜負你們的信賴。

克：我們知道，否則我們也不會來找你了。

我引導克萊拉回到現在，帶引她恢復完全清醒的意識狀態。醒來後，她描述她在催眠過程中說話的感受。

克：我覺得我是在「當下」。我感覺自己是在未來的時間、過去的時間和現在。就好像所有時間都在當下。

朵：時間全都結合了。……你會有分裂的感覺嗎？

克：不，不覺得分裂。覺得非常一致、和諧。身處於未來的時間，卻也同時在古代，在有時間之前。許多、許多文明存在以前。感覺上這個存有並不知道時間的界限。就好像所有時間就是「現在」。

朵：嗯，那你就知道我們是怎麼得到資料的了，因為並沒有任何界限。

這次催眠過後，發生了一件怪事。克萊拉回到她的旅館房間，幾分鐘後，她打電話要我過去。當我到了她房間，她讓我看她的頸背。她梳頭的時候，看到脖子後面有一片紅印子。（這家旅館的浴室兩邊都是鏡子。因此克萊拉把頭髮往上梳的時候，看得到後面的脖子。她將頭髮綁了個馬尾。）紅印子延伸到髮線內側至少兩英吋（約5公分），髮線下也有，大約半英吋（約1.3公分），她就是看到這裡的印子。印子很紅，長長一道的條紋。髮線以下的印子大概是半英吋到四分之三英吋寬，往上逐漸變窄小，紅印子在髮線裡的最寬範圍約為一英吋半（約3.8公分）。我回去拿相機拍了幾張照片。但印子在拍攝時已經開始消退。她身體的這個部位不可能受到任何東西的刺激，因為她一直好端端地躺在枕頭上。她說印子不痛也不癢，沒有任何感覺，就只是泛紅。她好奇是怎麼回事。這個情形和我的其他個案相符，當他們和這類不屬於地球的能量形態接觸時，身體也曾出現印子和斑點。這些案例都寫在《監護人》書中。

這次催眠所接觸到的那個保存著一切知識，並總是不斷累積資料的行星，和我其他被告知為報告者的個案所敘述的內容非常類似。許多人類的身體裡都有一種作為傳輸器的植入物，將他們所看到、聽到和感受到的每一件事，傳送到記錄著我們地球歷史的電腦資料庫裡。這是兩個獨立的計畫（譯注：指某些人類體內的植入物和外星人以人類身份收集資料）？還是這兩者在某方面和整體（whole）有關？我發現，潛意識或我們靈魂/心靈的主要功能之一，就是從我們累世的生活收集和累積資料。我們的終極目標是要回歸源頭，回到我們概念裡的上帝——造物者。當我們透過多種不同的人生，完成了一切旅程和探險，我們就可以帶著累積的知識回到造物者那兒。然後所有的知識會被吸收。透過這個方式，我們被視為上帝體內的細胞。

知識和資料似乎是人類種族存在的主要目的，因此沒有什麼是所謂的對或錯。只有正面與負面。我們從其中學習課題，並且平衡因果，於是我們得以完成使命，回到我們的源頭，我們來自的地方。以這個觀點來說，分析到最後，我們所有和所是的一切，就是我們經驗與知識的總和。

當我聽到秘魯的整個文明，集體超越達到了更高的振動，人類的肉眼因此看不見他們的存在時，我的心裡有股不安。據說過去有幾個文明也是如此。現在有許多討論都提到我們的地球正在改變她的振動，朝向更高的頻率和次元的轉換。有些人會離開，有些會被留下來，而被留下來的那群，永遠也不會知道發生了什麼事。這就是過去那些文明的遭遇嗎？那些文明，是不是也發生了同樣的情況？

（更多精彩內容請見《迴旋宇宙1》）

宇宙花園 08
迴旋宇宙序曲——光之靈
The Convoluted Universe-Book One.

作者：Dolores Cannon
譯者：張志華
出版者：宇宙花園有限公司
e-mail：service@cosmicgarden.com.tw
網址： www.cosmicgarden.com.tw
通訊地址：北市安和路1段11號4樓
總經銷：聯合發行股份有限公司
電話：(02)2917-8022
印刷：鴻霖印刷傳媒股份有限公司
初版：2008年6月　八刷：2024年1月
定價：NT$ 320元
ISBN： 978-986-80783-7-6
The Convoluted Universe-Book One

國家圖書館出版品預行編目資料

迴旋宇宙序曲：光之靈 / Dolores Cannon著；
張志華譯. --- 初版 --- 臺北市：宇宙花園, 2008.06
面；　公分. ---（宇宙花園；8）
譯自：The Convoluted Universe
ISBN 978-986-80783-7-6（平裝）
1. 輪迴　2. 催眠術

216.9　　97010344